KB044664

**불확실성
시대에**

**숨은
희망 찾기**

불확실성 시대에 숨은 희망 찾기

2020년 12월 10일 초판 1쇄 펴냄

지은이 윤대희
펴낸이 신길순
편집 박은경

펴낸곳 (주)도서출판 삼인
전화 02-322-1845
팩스 02-322-1846
이메일 saminbooks@naver.com
등록 1996년 9월 16일 제25100-2012-000046호
주소 (03716) 서울시 서대문구 성산로 312 북산빌딩 1층

표지, 본문 디자인 끄레디자인
인쇄 수이북스
제책 은정

ⓒ 윤대희, 2020
ISBN 978-89-6436-185-6 03300

값 15,000원

불확실성 시대에

숨은 희망 찾기

윤대희

삼인

이제 우리는 가보지 않은 길,
그러나 가야 할 길로 들어섰다

춘래불사춘春來不似春.

올봄이 우리에게 주는 느낌은 '봄이 와도 봄 같지 않다'는, 전한前漢 시대 동방규東方叫의 말을 굳이 빌리지 않더라도 그 시작부터가 황량하기 그지없다.

2020년, 모두가 희망을 품고 맞은 '흰쥐 해'는 코로나19라는 신종 바이러스로 인해 미증유의 혼란을 맞고 있다. 정치·경제·문화 등 제도적인 면에서 선진국으로 알아왔던 국가들을 비롯한 전 세계가 총체적인 혼란과 위기를 경험하고 있는 것이다. 우리나라 역시 이 감염병의 두려운 위협으로부터 자유로울 수 없지만 정부와 의료진, 그리고 성숙한 시민의식 덕에 잘 극복해내고 있으니 참으로 다행스러운 일이라 하겠다. 인류의 역사가 수많은 전염병의 위협과 고통을 슬기롭게 이겨내며 희망의 싹을 틔워왔던 것처럼 이번 코로나19도 잘 극복해낼 수 있으리라 믿는다.

돌아보면 인류 역사뿐 아니라 개인의 삶도 위기와 극복의 연속선 상에 놓여 있지 않나 싶다. 그 과정에서 사람 또는 사회와의 관계, 관계 속 자신의 역할들이 각자의 인생으로 귀결되는 것이라는 생각이 든다. 이러한 맥락에서 내가 정부를 떠나 근 10년 동안 일간지에 기고했던 칼럼들을 국정운영·국제·금융·조력으로 분류하여 책으로 펴내게 됐다.

칼럼을 쓰기 시작한 것은, 공직을 떠난 이후 내가 재직한 가천대학교와 긴밀한 관계에 있는 《경인일보》에서 경제전문가 칼럼인 '경제전망대' 고정 필자로 요청받고서부터다. 4주에 한 번꼴로 쓰기 시작한 것이 3년 이상 지속됐고, 이후 금융전문지 《파이낸셜뉴스》의 대표 칼럼인 '여의나루'로 이어지면서 4년 이상 기고하게 되었고, 《매일경제》의 명사 칼럼 '매경춘추'에도 1년 가까이 기고하게 되었다.

칼럼 내용을 서너 가지 구상하고 나중에 최종 주제를 선택하여 9백 자 혹은 1천7백 자 내외로 압축하여 탈고하는 작업은 쉬운 일이 아니다. 전문적으로 글 쓰는 분들의 어려움을 조금은 이해하게 되었다. 내가 가진 능력을 십분 발휘하여 완성도 있는 글을 쓰고자 최선을 다했기에, 당시의 생각과 지난 삶을 정리하는 기회로 삼으면서 한 권의 책으로 엮기로 결심했다.

이 자리를 빌려 칼럼 기고의 기회를 주신 《경인일보》 박영복 전 사장님, 《파이낸셜뉴스》 전재호 회장님, 《매일경제》 장대환 회장님께 다시 한번 깊은 감사의 말씀을 드리며, 모든 칼럼의 첫 번째 독자로 솔직한 의견을 준 아내에게도 고마움을 전한다. 또한 편집을 위해 많은 도움을 준 신용보증기금 문형찬 학형과 도서출판 삼인 관계자 여러분, 지금까지 물심양면으로 도움 주신 여러 선배님과 동료 및 후배님들에게도 마음을 담아 감사드린다.

2020년 겨울
윤대희

차례

세계의 연결을 가리키다

포용의 길을 묻다

새 역사를 쓰다

변화의 방향을 말하다

사회과학에서 새로운 이론은 현실 적합성 확인과 실제 적용을 통해 이의 없이 수용되면 새로운 패러다임으로 발전한다. 경제 흐름의 변화에 새롭게 나타나는 현상과 문제도 이전과 다른 시각으로 인식하고 그 문제해결 방식을 찾아야 한다.

개헌논의는 무엇이 중심이 되어야 하는가

이달 초 추경예산 통과 보도에 가려 부각되지 못했지만 여야 간에 중요한 합의가 있었다. '헌법개정연구회'를 구성해 개헌 문제를 다룬다는 것이 그것이다. 여야 합의로 국회에 개헌논의기구를 설치하고 국회의장 직속으로 둔다니 공식적인 개헌논의 기구로 작동될 전망이다.

현행 헌법이 1987년에 만들어졌기 때문에 일단 개헌논의가 시작되면 '판도라의 상자'가 열린 것처럼 그동안 우리 사회가 안고 있던 적지 않은 사회·경제적 문제가 이슈로 제기될 것이다. 대통령제 등 권력구조부터 영토 조항, 통일 조항, 경제 분야 조항, 감사원의 국회 이관 등이 논의될 가능성이 크겠다.

개헌은 국가의 근간을 바꾸는 중차대한 일로서 신중한 접근이 필요하다. 우리가 안고 있는 전반적인 문제를 동시에 거론하는 백화점식 개헌논의보다는 이제 더 이상 늦출 수 없는 문제가 된 현행 5년 단임 대통령제에 본격적으로 초점이 맞춰진 논의가 이뤄지는 것이 바람직하다는 생각이다.

국정에 직접 몸담았던 많은 인사가 지적하듯 현행 5년 단임제 대통령제 하에서는 장기적 시각으로 정책을 계획하고 추진하며 일하기가 매우 어렵

2013. 5. 27. 《파이낸셜뉴스》

다. 대통령으로 새로 취임해 국정을 파악하는 데 소요되는 시간과 정권 말기 민주화 이후 모든 대통령이 겪었던 레임덕 기간까지 감안해본다면 임기 5년의 대통령에게 주어진 국정운영 기간은 실제로 충분하지 않다는 게 현실이다.

일각에선 대통령 한 사람에게 집중돼 있는 현재의 권력구조가 제왕적 대통령을 만들기 때문에 이를 개선해야 한다고 주장하기도 한다. 이는 대통령의 인사권한을 두고 제기하는 것 같다. 그러나 대통령의 인사권을 제외할 경우 현재 대통령(행정부)과 국회 간의 힘의 균형은 민주화 이전에서 크게 변화돼 국회 쪽으로 쏠려 있는 것이 사실이다. 특히 입법권에 있어서 국회의 권한이 크게 강화됐기 때문에 단임 5년의 대통령(행정부)은 많은 경우 입법 과정에서 무력함을 보일 수밖에 없다. 또한 현행 헌법은 대통령 임기 5년, 국회의원 임기 4년으로 두 선거가 각각 치러진다. 국력 낭비는 물론이거니와 지난 선거들의 결과에서 나타났듯이 국민의 견제심리를 통해 여소야대의 국회가 형성되는 경우가 많다. 이는 여당이 다수당이 돼 당정협의를 통한 효율적인 국정운영의 협조를 기대하는 행정부에는 어려움이 커진다는 뜻이기도 하다.

과거 여러 대통령이 자신의 소속 정당을 탈당하게 되고 식물 대통령으로 임기 말년을 보낸 것을 기억한다. 이 역시 단임 대통령이 겪는 불행한 정치현상 중 하나다. 그동안에도 5년 단임의 현행 대통령제에 대한 문제점을 지적하며 이를 개선해야 한다는 주장이 여러 차례 제기된 바 있다. 대표적으로 노무현 대통령의 원포인트 개헌과 이명박 정부 시절 김형오 국회의장의 개헌논의 제기를 들 수 있는데 당시 정치권의 반응은 냉담했다.

현재의 안보 상황, 시급한 민생과제 등 임기 초반에 추진해야 할 많은 국정과제를 안고 있는 박근혜 정부로서는 현시점에서 개헌을 논의한다는 것이 부담임이 분명하다. 그러나 이미 국회에서 시작된 개헌논의가 피할 수 없는 현실이 됐다면 더욱 적극적으로 전문가들을 비롯한 사회 각계각층의 의견을 두루 수렴해 우리의 현행 국가지배구조 개선안을 마련함으로써 개헌논의에 능동적으로 대비하는 것이 미래를 위한 책임 있는 자세라고 생각한다.

한 대통령이 성공하려면

요즘 우리는 다가오는 4월 총선에서 어떤 선택을 할 것인가 고민하고 있다. 선택의 기준이 선호하는 정당·지연·학연일 수도 있고, 후보자 개인의 도덕성·경륜·공약일 수도 있다.

어느 때보다도 정당 간의 정책공약에 대한 경쟁이 뜨거울 것으로 언론·시민단체·전문가그룹의 각 당 공약에 대한 검증 역시 활발할 것이다. 복지공약이 재원 대책이 수반되는 실현 가능한 정책인지 아니면 유권자의 표심을 노린 포퓰리즘성 정책인지 검증되어야 하며, 대북정책에서부터 사회 양극화 문제까지 우리가 당면한 모든 과제에 있어 각 정파가 제시할 비전에 대한 유권자의 냉엄한 심판이 있어야 한다.

여기에 급변하는 세계 경제환경 속에서 우리의 생존과 관련된 중요과제로서 국가지배구조, 즉 거버넌스Governance 문제가 주요 이슈로 제기되어야 할 것이다. 세계 경제환경이 급격히 변하고 국가 간 경쟁이 더욱 치열해지는 상황 속에서 우리의 국가지배구조가 과연 국가경쟁력을 높이기 위한 변화와 개혁을 적시에 뒷받침해줄 수 있는 체제인가에 대한 논의가 절실하기 때문이다.

2012. 3. 8.《경인일보》

우리나라는 1987년 민주화 이후 제정된 헌법에 따라 5년 단임제의 대통령을 중심으로 하는 권력구조를 가지고 있다. 당시 노태우·김영삼·김대중 등 유력 정치지도자들의 주도하에 만들어진 헌법에 의해 5년 단임제의 대통령 중심 권력구조가 탄생했다. 당시에 세 사람이 모두 대통령을 해볼수 있는 길이 열렸다는 비판도 있었는데 공교롭게 후에 세 사람 모두 대통령을 지냈다.

정부에서 국정운영에 참여해본 많은 사람들이 현행 5년 단임제의 대통령 체제하에서는 장기적 시각으로 정책을 계획하고 추진하기가 어렵다고 말한다. 한 연구에 따르면 1988~2006년 기간 중 국회에 제출된 정부입법 3,131건을 분석한 결과, 정부가 정책과제로 선정하고 입법화 과정을 통해 실제 정책으로 시행되는 데 평균 35개월이 걸린다고 한다.

새로운 정부가 출범해서 국정을 파악하는 데는 아무리 빨라도 6개월은 필요하고, 민주화 이후의 모든 대통령의 임기 후반 레임덕 기간까지 감안하면 임기 5년 중 대통령이 소신껏 일할 수 있는 기간은 그리 길지 않다.

노태우·김영삼·노무현 대통령은 자신들을 대통령 후보로 만들어준 여당에서 자의 반 타의 반 당을 떠났다. 대통령의 탈당은 행정부 입장에서는 곧 여당이 없어진 것으로 국정운영에서 여당의 협조를 받는 것이 여의치 않게 되었다는 것을 뜻하기도 한다. 대통령 임기 5년, 국회의원 임기 4년이므로 임기가 다른 두 선거가 동시에 치러질 수 없다. 견제심리가 작용하여 여소야대의 국회 상황이 생겨난다.

국민의 직접선거로 선출된 민주적 정통성을 지닌 대통령을 역시 국민이 선출한 국회가 견제하게 하는 '이원적 민주주의 정통성' 현상이 벌어지는 것이다. 우리나라는 국정의 책임이 대통령에게 있는 것처럼 되어 있지만,

민주화 이후 대통령(행정부)은 많은 경우 입법 과정에서 무력한 것도 현실이다. 반면에 국회는 국정운영에 있어 직접 책임을 지지 않는다.

일부에서는 노태우 대통령을 비롯해 민주화 이후 모든 대통령에 대해 실패한 대통령이라고 인색한 평가를 내리기도 한다. 그렇다면 과연 우리 국민들은 이제껏 실패할 대통령들만 선출한 것일까? 혹시 우리의 국가지배구조가 성공할 수 없는 대통령을 만들어내고 있는 것은 아닐까?

그동안 현행 5년 단임의 대통령제를 근간으로 하는 권력구조의 문제점을 지적하고 변화의 필요성을 주장하는 이들이 없었던 것은 아니다. 노무현 대통령이 제기한 원포인트 개헌에 대해 당시 정치권은 다음 18대 국회에서 논의하겠다고 합의한 바 있었다. 이명박 정부 들어와서도 김형오 전 국회의장이 개헌 문제를 제기했으나 정치권의 반응은 소극적이었다.

우리가 여태껏 이룩해온 성과를 지켜내고 급변하는 세계 경제환경 속에서 새롭게 도약하기 위해서 국가지배구조를 위한 개헌은 중요한 국가적 과제이다. 정치권은 더 이상 미루지 말고 국민들이 현명한 선택을 할 수 있도록, 이번 총선에 이를 공약으로 제시해야 할 것이다.

유럽을 공부한다는 것

　북방한계선(NLL), 국정원 국정조사 등 눈만 뜨면 정치 공방만 일삼는 국회의원들이 요즘 여야 할 것 없이 국가발전전략 모델에 대해 열공하고 있다니 듣던 중 반가운 일이다. 새누리당은 '대한민국 국가모델 연구모임'을 만들어 독일의 권력구조·통일과정·중소기업의 경쟁력·경제민주화 등에 대해서, 민주당은 '혁신과 정의의 나라 포럼'을 중심으로 독일의 경제민주화·지방자치·환경·노동정책 등에 대해서 토론을 진행하고 있다. 장차 우리나라가 지향해야 할 새 국가모델을 모색해보자는 양당의 공통된 취지다.

　우리 사회가 처한 현재 정치·경제·사회 등 제반 상황이 어려운 데다 우리 사회의 미래를 안정적으로 보장할 수 없다는 인식이 이것의 배경이 됐다. 경제개발 초기부터 우리나라는 정부가 전략산업을 선정해 이를 지원·육성하는 방식이었는데 그 전략은 유럽형 국가발전 모델에 가깝다고 볼 수 있다.

　그러나 1997년 우리에게 불어닥친 외환위기는 국제통화기금(IMF)으로부터 구제금융을 받는 조건으로 금융개방 확대, 자본거래의 자유화, 노동시장의 유연성 강화 등 신자유주의적인 정책을 강화하게 됐다.

2013. 7. 25.《파이낸셜뉴스》

지금 우리 사회는 소득 양극화, 고용 없는 저성장과 함께 저출산, 고령화가 빠르게 진행되고 있다. 또한 타협하지 않는 정치문화, 대기업 경제력 집중, 노사 관계의 불안, 보수와 진보 간의 대립 등 우리 사회가 안고 있는 어려움은 좀처럼 개선될 조짐이 보이지 않는다. 게다가 지난 대선을 통해 부각된 경제민주화와 복지 등 현안 과제를 성장 우선, 효율성 강조, 경쟁 중심의 신자유주의적 영·미식 국가 운용 시스템을 가지고는 해결할 수 없다는 인식과 함께 우리의 미래를 담보할 수 없겠다는 불안감이 유럽식 발전모델에 눈을 돌리게 한 것이다. 제러미 리프킨은 그의 명저인『유러피언 드림』에서 유럽은 개인의 자유보다 공동체 내의 관계를, 부의 축적보다는 삶의 질을, 재산권보다 보편적 인권과 자연의 권리를, 동화보다는 문화적 다양성을 강조한다고 주장한다. 정치권이 유럽식 발전모델의 대상 중심국가로 독일과 스웨덴에 관심을 갖는 이유이기도 하다.

독일은 통일 이후 어려움을 겪었지만 지금은 유럽 제일의 경제 강국으로 군림하며 우리의 관심인 성장과 복지 간 조화를 잘 유지하고 있다. 독일이 어떻게 사회적 시장경제 국가시스템을 만들었으며 이를 잘 유지하느냐를 벤치마킹한다는 것이다. 스웨덴의 경우 강한 제조업을 기반으로 건실한 경제구조와 더불어 복지제도를 완벽하게 실현한 과정을 우리가 롤 모델로 삼고자 하는 것이다.

정치권이 독일과 스웨덴 중심으로 유럽식 발전모델을 연구하고 이를 우리 국가발전 전략에 활용하고자 하는 것은 의미가 크다고 하겠다. 그러나지금의 독일이나 스웨덴의 모든 정치·경제 체제에는 그 과정에서 역사성과 사회적 배경이 있었음을 정치권은 반드시 염두에 둬야 한다.

전후 독일경제 성장에는 안정적인 노사 관계와 노사정 대타협이 있었다. 유로화 시대인 오늘의 독일 경제는 2003년부터 시작된 전후 최대의 개혁정책으로 평가되는 게르하르트 슈뢰더 총리의 '어젠다 2010'이 있었기에 가능했다. 스웨덴의 경우 복지 내용도 중요하지만 세금이 전제됐다는 점을 유념하면서 연구할 필요가 있겠다. 스웨덴 국민은 보통 소득의 30~45퍼센트를 소득세로 내고 물건을 살 때 내는 소비세가 25퍼센트에 달한다. 복지 시스템의 혜택 못지않게 국민의 비용 부담을 함께 봐야 한다는 점을 간과해서는 안 된다.

아무리 좋은 제도라도 우리에게 똑같이 잘 맞을 수는 없다. 우리가 가지고 있는 장점은 살리되 부족한 점은 보완하는 대안으로 외국의 제도를 수용하는 지혜가 필요하겠다. 모처럼 국가발전 전략이라는 큰 담론을 펼치는 정치권의 노력에 성원을 보내며 국민의 한 사람으로서 성과를 기대해본다.

개헌이 과제인 이유

4·13 총선으로 이루어진 3당 체제에 대한 기대와 우려 속에 5월 30일, 제20대 국회가 개원했다. 16년 만의 여소야대 구도 속에 소통과 타협의 정치로 일하는 국회가 돼달라는 국민의 여망을 안고 막 출범한 20대 국회 앞에는 국내외적으로 많은 도전이 기다리고 있다.

대외적으로는 동북아의 주도권을 놓고 미·일·중·러 등 열강들의 주도권 다툼이 치열한 가운데 북핵 문제를 해결하고 통일을 준비해야 하고, 대내적으로는 잠재성장률이 급격하게 떨어지는 가운데 저출산·고령화, 일자리 감소, 가계·국가부채, 산업구조조정 등의 난제를 해결하고 4차 산업혁명을 준비해야 한다.

이 같은 과제를 안고 있는 여소야대의 20대 국회에서는 야당의 책임 있는 역할과 여·야·정을 통한 협치로 국민의 기대를 저버리지 않을 거라는 희망과 내년 대선을 통한 유권자의 엄정한 평가를 의식해서 국정운영에 생산적으로 참여하리라는 기대를 걸어본다.

아울러 20대 국회가 다뤄야 할 중요과제 중 하나는 개헌이다. 현행 헌법은 1987년 6·10 민주항쟁 후 대통령 직선제라는 국민의 염원을 담아낸

2016. 5. 31. 《파이낸셜뉴스》

결과물로, 단임제는 장기집권을 어렵게 하고 두 번에 걸친 수평적 정권교체를 경험하게 했다. 그러나 이제 시대정신을 다하여 21세기 세계화·정보화·지방화 등의 새로운 변화에 맞지 않는 낡은 틀로 평가된다. 승자독식의 현행 대통령제에 따른 구조적 문제는 사생결단식 대립과 국론분열을 야기하고 심각한 사회갈등의 요인이 돼왔다.

현행 5년 단임 대통령제의 국정에 참여했던 많은 인사들은 정책 추진에 있어 어려움을 말한다. 지난 많은 경우 대통령을 선출하고 국민은 총선을 통해 여소야대 정국을 만들었다. 당연히 여당의 지원이 필요한 행정부로서는 정책 추진에 어려움이 따를 수밖에 없다. 지난 여소야대 시절 정부의 10년간 주요정책 3,500여 건을 분석한 결과 정부가 정책을 발표하고 입법화로 정책을 추진하기까지 평균 35개월이 소요됐다.

새 대통령의 신정부는 업무를 파악하는 데만 6개월이 걸린다. 임기 중 주요 선거 이후 경험하는 레임덕까지 고려하면 60개월(5년) 단임 정부의 정책 추진에는 한계가 있음을 알 수 있다. 책임 있는 국정운영을 위해 현행 임기제는 개선돼야 한다.

민주화 이후의 대통령들이 성공한 대통령으로 평가받지 못하는데, 그렇다면 우리는 실패하는 대통령만 선출하는 걸까 의문이 든다. 국가지배구조의 원천인 현행 헌법에 대한 냉정한 평가가 있어야 한다. 이를 공론화하는 데 20대 국회가 앞장서야 한다. 과거에도 개헌 주장이 제기된 바 있지만 본격적으로 공론화되지는 못했다.

또한 대통령 5년, 국회의원 4년, 지방선거 등 잦은 선거로 국가적 에너지 낭비가 크다. 우리도 많은 선진국에서 시행하고 있는 동시선거 방안을, 우리가 지닌 선진 정보기술로써 마련해야 한다.

그 외에도 '기본권, 통일 대비, 지방자치제도, 환경, 난민, 정보화, 감사원, 대법원과 헌법재판소' 등도 새 헌법으로 오늘날에 맞는 틀로 조명돼야 한다는 주장이 많은 헌법 전문가들로부터 제기되고 있다. 시대적 사명을 다한 88체제의 상징인 현행 헌법을 개정하기 위해 진지한 논의가 꼭 이뤄져야 한다. 헌법개정안은 현행 헌법에서 국회의원 재적 과반수 또는 대통령이 발의할 수 있게 되어 있다.

박근혜 정부가 새로운 국가지배구조를 구축해낸다면 임기 중의 큰 업적으로 남을 것이다. 정부와 국회는 국가 백년대계와 새로운 시대에 부응하는 헌법을 국민에게 제시할 의무를 가지고 개헌에 적극적으로 임해주기를 바란다.

성장 잠재력을 높이는 길

우리 경제의 올 1분기 경제성장률은 29개 경제협력개발기구(OECD) 회원국 중 유일하게 플러스를 기록하면서 경기회복의 희망을 불어넣고 있다. 민간소비 및 설비투자의 감소 폭 둔화도 긍정적 신호이다. 그러나 북핵, 세계 금융위기 등 대외 악재가 여전히 상존하고 있어 우리 경제는 여전히 안개 속이다.

이러한 글로벌 경제위기를 극복하기 위해 정부는 추경, 예산 조기집행 등 경기부양책을 쓰고 있지만 재정 확대로는 한계가 있다. 민간의 자발적인 투자를 유도할 수 있는 조치가 필요하다. 그래서 정부는 세계적으로 유례가 없는 새로운 실험으로 한시적 규제유예 제도를 도입하였다. 경제가 어려운 동안만이라도 경제 활성화에 걸림돌이 되는 규제의 집행을 중단하거나 완화하여 집행하라는 것이다.

그동안 한국을 포함하여 각국 정부는 경제자유구역 등 특정 지역에 한해 외국인 투자유치를 확대하고 국제적 수준의 기업 환경을 만들기 위해 기존 규제의 적용을 대폭 면제하거나 완화하는 조치를 취해왔다. 이것이 공간적인 측면에서의 특별한 규제개혁 조치라면, 한시적 규제유예란 시간

2009. 6. 15.《인천일보》

적인 차원에서 시도하는 규제혁신 방안이라 할 수 있다.

2개월이라는 짧은 기간 동안 정부는 민관 파트너십을 통해 기존 공장 증설 제한 완화, 부담금 감면, 음식점의 옥외영업 허용 등 280건의 과제를 확정하였다. 이 중 135건의 항구적인 개선 과제를 발굴한 것도 큰 성과이다. 기업 환경이 개선되는 만큼 시중의 부동자금이 민간분야의 자발적인 투자·창업 등으로 이어질 수 있을 것으로 기대한다. 다만 이러한 규제개혁 내용이 노무현 전 대통령의 서거와 북한의 핵실험·미사일 발사 등으로 충분히 국민에게 알려지지 못한 것은 다소 유감스럽다.

경제위기의 조기 극복 못지않게 이제는 우리 경제의 장기적인 성장 잠재력을 높이는 데 집중해야 한다. 그동안의 경제성장은 요소투입 확대를 통한 양적 성장 중심이었으나 총요소 생산성 향상을 통한 질적 성장의 구조로 전환되어야 한다. 지식경제부의 조사에 따르면 2000년대의 우리나라 생산성 증가율은 0.12퍼센트로 이전의 20년에 비해 3분의 1 수준까지 급락한 것으로 나타났다. 반면 미국은 두 기간의 총요소 생산성이 0.26퍼센트에서 0.95퍼센트로 높아졌고 일본도 0.27퍼센트에서 0.25퍼센트로 큰 변화가 없었다. 총산출에 총요소 생산성이 기여하는 비율도 우리나라는 2001~2005년 2.24퍼센트 수준에 머물러 미국의 53.04퍼센트, 일본의 28.68퍼센트 등과 큰 격차를 보이고 있다.

안타깝게도 저출산·고령화의 진전은 요소투입 확대도 어렵게 하고 있다. 노동 투입의 기반인 생산가능 인구는 향후 지속적으로 감소하여 노동 투입 증가율은 2020년대부터 마이너스로 돌아설 전망이다. 자본투입 증가율도 피부양 인구 증가에 따른 저축 및 투자율의 감소로 현재 2퍼센트에서 지속적으로 감소하여 2040년대에는 0.6퍼센트에 그칠 전망이다. 이러한 상황에서 성장 잠재력을 확충하는 방법은 생산성 향상을 위한 규제 개혁 및 기술 개발이다.

지난달 스위스 국제경영개발원(IMD)의 연례 국가경쟁력 평가에서 노사 관계 생산성은 평가 대상 국가 57개국 중 56위로 사실상 최하위로 나타났다. 그만큼 노동시장의 유연성 제고를 위한 규제개혁이 시급하다. 해외 투자자들도 노동 경직성을 가장 큰 문제로 지적한다. 경영상의 이유로 인한 해고 요건 완화, 비정규직 제도, 최저임금제 등을 글로벌 스탠더드에 맞게 개선하여 선진적 노사 관계를 조기에 구축하여야 한다.

이와 함께 투자에 큰 걸림돌이 되고 있는 공장총량제 등 수도권 규제를 합리적으로 개선하는 노력이 병행되어야 한다. 여기에 세계적 수준인 IT, BT, NT 등 신기술 융합을 통해 차세대 첨단기술의 개발이 뒷받침된다면 생산성 향상을 통한 우리 경제의 성장 잠재력은 크게 확대될 것이다.

저출산의 심각성

최근 통계청 발표에 따르면 지난해 태어난 우리나라 신생아 수는 436,600명으로 2005년(435,031명)에 이어 두 번째로 낮은 기록이다. 1980년 86만 명이던 것이 2002년부터 40만 명대로 줄어들고 한 번도 50만 명을 넘어서지 못했다. 2011년 1.24명, 2012년 1.30명으로 반짝 오르던 출산율이 지난해 1.19명으로 다시 떨어졌다.

2002년 이후 태어난 '40만둥이'들이 자라서 가임 나이가 되는 2030년대가 되면 한 해 출생하는 신생아가 30만 명대, 2050년대 후반에는 20만 명대까지 줄어들 전망이라니 우리는 지금 국가 존망이 달린 심각한 저출산의 덫에 걸려 있는 것이다.

우리나라는 저출산 국가 중에서도 출산율이 가장 급격히 떨어진 경우에 해당되며 1960년대까지 6.0명이었던 것이 수직 하강해 1983년(2.06명)에는 인구대체 수준 이하로 떨어지고 1997년(1.45명)에는 1.5명 밑으로 떨어져 '초저출산국'이 됐다.

OECD 국가 중 출산율이 1.3명 미만으로 떨어진 나라는 한국·일본·이탈리아·독일·스페인 등 12개국으로 이 중 13년 연속 1.3명 미만을 기록

2014. 3. 11. 《파이낸셜뉴스》

한 나라는 한국뿐이다. 저출산은 경제·사회적으로 큰 문제를 야기한다. 우선 생산가능 인구 감소는 경제성장의 발목을 잡는다. 한국개발연구원(KDI)에 따르면 한국의 2011~2020년 잠재성장률은 3.6퍼센트로 예측되지만 2021~2030년에 가서는 2.7퍼센트 수준으로 전망한다. 일하고, 소비하고, 세금 내는 사람이 줄어들기 때문에 오는 당연한 결과다.

우리나라의 출산율이 현재 추세대로라면 2100년 인구는 현재의 50퍼센트 수준으로 줄고 2500년에는 30만 명 수준으로 줄어들어 한민족과 한국어가 지상에서 사라질 수도 있다는 극단적인 전망도 나오게 된다.

정부는 출산율 제고를 위해 2006년부터 '저출산·고령화 사회 기본계획'에 의거하여 지금까지 연간 10조 원 이상의 재정을 투입해 출산·양육 부담 경감, 일·가정 양립 등을 위한 대책을 시행해오고 있으나 초저출산의 수렁에서 빠져나올 기미는 아직 보이지 않는다. 저출산 위기를 단기에 해결하는 '매직 불릿(magic bullet, 특효약)'은 없다. 저출산 극복을 장기적 정책과제로 삼고 이를 꾸준히 추진해 성공을 거둔 프랑스의 사례가 우리에게 많은 시사점을 던져주고 있다.

프랑스는 1993년 출산율 1.65명을 국가존폐마저 위협받는 위기로 인식한 이래 저출산 대책을 국가의 최우선 정책으로 삼고 꾸준히 추진해왔다. 프랑스는 출산 및 육아와 관련한 보조금, 세제 혜택, 주택기금 등에 국내총생산(GDP)의 5퍼센트 이상을 투자하고 있다. 영아를 둔 가정, 미혼모 가정, 다자녀 가정 등에 가족수당을 제공하고 자녀 양육에 따른 직장근무 시간단축의 경우 최대 6개월까지 보조금을 준다. 출산 후 여성의 직장복귀가 가능하도록 사회적, 제도적인 뒷받침이 돼 있다. 현재 프랑스의 출산율은 2.0명으로 아일랜드(2.1명), 스웨덴(1.9명) 등과 함께 유럽에서 가장 성공적인 저출산 탈출국으로 꼽힌다. 독일(1.4명)과 스페인(1.4명), 룩셈부르크 (1.5명), 스위스(1.5명) 등 주변 국가들을 월등히 앞서고 있다. 다행스럽게 우리 정부가 최근 발표한 3개년 경제개혁에는 여성들의 경력단절을 막고 출산과 보육 병행, 여성 고용률 제고, 2017년까지 여성일자리 150만 개 창출 등 여러 대책이 들어 있다. 잘 추진돼 저출산을 막을 수 있는 근본적인 대책으로 이어져야겠다.

그러나 우리의 저출산 문제가 직접적이고 가시적인 정책 추진이 요구되는 범정부적 과제임을 감안할 때 우리보다 앞서 당면한 저출산 문제를 슬기롭게 극복해내고 있는 프랑스, 스웨덴의 사례를 더욱 깊이 연구해 벤치마킹하는 것도 적극적인 현실적 접근 방안이 아닐까 한다.

남은 시간이 많지 않다

　유엔은 지난 10월 31일로 세계 인구가 70억 명을 돌파했다고 발표했다. 70억 번째 인구로 필리핀에서 태어난 아기 사진이 언론에 등장하기도 했다. 세계 인구는 20세기 초에 16억 명을 넘어서고 1백여 년 만에 네 배 이상 증가한 셈이다. 인구증가는 산업화와 수명연장 등에 따른 긍정적인 결과이기도 하지만 식량난, 식수난 등 걱정거리를 가져오기도 했다. 전문가들은 현재와 같은 추세라면 세계 인구가 2050년에 93억 명에 이를 것으로 전망하고 있다.

　우리나라 인구는 남한만 볼 때 4천9백여만 명으로 세계 25위 수준이다. 우리나라의 합계출산율은 2010년 기준으로 1.15명으로 OECD 국가 중 최하위이다. 1984년에는 인구대체 수준인 2.1명 이하로 떨어졌고 외환위기 이후에는 1.3명 이하로 급락한 초저출산 사회로 진입하고 있다. 1980년 2.82명이었던 합계출산율이 2000년에는 1.15명으로 급락한 것이다. 현재 출산율이 그대로 유지된다면 우리나라 인구는 2100년에는 현재 인구의 50퍼센트 수준으로 줄어들게 되고 2500년에는 33만 명이 되어 민족이 소멸되고 언어도 지상에서 사라질 수 있다는 극단적인 전망마저 나오고 있

2011. 11. 17.《경인일보》

다. 우리나라의 저출산 문제가 더 심각한 것은 우리 사회가 소득증가에 따른 평균수명 연장으로 인구 고령화도 함께 진행되고 있기 때문이다. 우리나라의 중위(median) 연령은 현재의 35세에서 2020년에 44세, 2040년에는 53세 내외까지 높아질 전망이다. 이러한 고령화는 세계적인 현상이나 우리나라의 경우 선진국들의 경험에 비해 훨씬 급격한 속도로 진행되고 있다. 우리나라는 지난 2000년에 이미 65세 이상 인구 비중이 7퍼센트를 넘는 '고령화 사회'로 진입했으며, 2025년에는 20퍼센트를 상회하는 '초고령 사회'의 모습을 보일 것으로 전망된다. 미국·프랑스 등 선진국이 고령화 사회에서 초고령 사회로 이전하는 데 1백 년 이상이 걸린 것과 비교할 때 우리의 고령화 진행 속도는 세계에서 유례없이 빠른 것이다.

저출산·고령화는 생산가능 인구와 취업자를 감소시키는 등 노동력의 양적 규모를 축소시켜 경제성장을 위축시킨다. 우리나라의 경우 인구구조의 변화는 1990년대 들어서면서 잠재성장률을 떨어뜨리는 요인으로 작용하고 있다. 급격한 고령화는 연금 및 보건의료비 지출 증대 등 재정 부담을 높임으로써 세대 간 소득 재분배라는 문제도 야기시킨다. 현재는 젊은 사람 일곱 명이 노인 한 사람을 부양하는 데 비해 2050년이 되면 1.4명이 한 사람을 책임져야 하는 사회가 되므로 장차 우리의 아들 손자 세대들이 짊어질 부담이 급격히 커지게 되는 것이다.

이러한 저출산과 고령화에 따른 문제에 대응하기 위해서는 종합적인 사회·경제적 접근이 필요하다. 무엇보다도 출산율을 높여야 하는데 이는 생각만큼 쉽지 않다. 여성의 경제활동 참여 확대, 점점 늦어지는 결혼 연령, 여성의 사회활동에서의 경력단절 우려, 자녀 교육비 부담 등이 저출산의 주원인으로 꼽힌다. 출산율을 높이기 위해서는 이러한 원인 개선을 위한 근본적인 대책을 지속적으로 추진해야 한다. 보육시설 확충, 출산시의 인센티브 제공은 물론 출산으로 여성들이 사회활동에서 불이익을 받지 않는 제도적 장치 마련 등 출산에 대한 가치를 높여주는 사회적인 환경을 조성하기 위해 더욱 노력해야 한다.

아울러 저출산을 극복한 다른 나라들의 선례에 적극적 관심을 가질 필요가 있다. 한때 저출산의 대표적인 나라였던 프랑스가 출산제고를 위한 각종 정책과 함께 적극적인 이민 정책도 병행하여 저출산을 극복한 사례는 깊이 연구할 만하다. 다문화가정이 점점 늘어가면서 이에 따른 우려도 있지만 이를 현실로 받아들이는 적극적인 사고 전환과 선제적인 정책으로 다문화가정이 사회의 일원으로 적응해가는 데 지원과 관심을 아끼지 않아야 한다. 현재 중국이나 러시아에 거주하고 있는 동포의 2세·3세들에게 우리 사회에 접근할 수 있는 문호를 개방하는 것도 적극적으로 검토해야 한다. 저출산을 해결하기 위해 우리에게 남은 시간은 많지 않다. 보육 및 육아 지원, 평생 교육 시스템 구축과 함께 이민 확대 등 적극적인 노동시장 정책에 지금보다 정부가 더욱 앞장서야 한다.

경제민주화의 핵심은 이것

정치권에서 제기한 경제민주화가 우리 사회의 큰 이슈로 떠오르고 있다. 시각의 차이는 있지만 여야 대선주자들의 공약에 경제민주화가 모두 포함되어 있다.

과거에 야당이 재벌개혁을 선제적으로 제기했던 것과 달리 이번에는 여당도 적극적이다. 재벌총수의 사면금지(경제민주화 1호), 일감몰아주기금지(2호), 순환출자금지 및 가공의결권 제한(3호) 법안 등을 이미 발의한 데 이어 최근에 논의되는 4호 법안은 증권·보험 등 제2금융권 회사를 계열사로 둔 대기업에 대한 직접적 규제를 담고 있다. 이에 맞서 통합민주당도 강도 높은 대기업 규제 법안을 마련하고 있다. 민주당의 유력 후보는 신규 순환출자금지와 함께 기존 순환출자의 3년 안 해소를 공약으로 내세우고 있다.

'경제민주화법' 중 재계가 가장 민감하게 반응하는 부분이 순환출자금지이다. 경영권 방어를 가장 먼저 생각해야 하는 재벌총수 입장에서는 그룹 전체에 대해 지배권을 행사하는 것과 적대적 인수합병(M&A) 시도로부터 경영권을 지켜내는 것이 무엇보다 중요하다.

2012. 8. 23. 《경인일보》

순환출자란 한 기업의 출자구조가 'A→B→C→A' 방식으로 되어 있는 지배구조를 말한다. 즉 A계열사가 B계열사에 출자하고, B계열사는 C계열사에, C계열사가 다시 A계열사에 출자하는 식이다. 적은 지분을 가진 총수가 그룹 전체를 지배하는 것을 가능하게 하는 고리가 이 같은 순환출자이다. 가공자본을 통해 총수 일가의 지배권만 강화시켜주는 장치라는 것이 순환출자금지의 당위성을 주장하는 기본 논리이다. 현재 국내 재벌총수는 1퍼센트 남짓한 지분만으로 사실상 1백 퍼센트의 권한을 행사하고 있다. 소유와 지배의 괴리가 그만큼 크다. 회사의 이익보다는 지배주주(총수) 이익에 따른 의사결정 가능성이 높다. 현행법의 상호출자금지를 피해가는 수단으로 순환출자가 악용된다고 보는 것이다.

한편 순환출자금지제도 도입을 반대하는 재계나 학계 입장은 세계 어느 나라에서도 순환출자를 법으로 금지하거나 강제 해소하도록 하는 사례는 없다는 것이다. 현행 공정거래법으로도 얼마든지 문제점을 시정할 수 있는데 굳이 새롭게 순환출자금지를 도입하는 것은 기업의 새로운 사업 진출을 막는 과도한 규제라는 것이다. 순환출자가 재벌총수의 사익을 확대하기 위하여 만들어진 것이라기보다 기업의 신규 사업투자, 부실기업 구조조정 과정에서 불가피하게 이루어진 면이 있다고 주장한다. 순환출자 해소에 필요한 비용을 오히려 신규 투자로 유인한다면 일자리 창출 등 국민경제에 더 크게 기여하게 될 것이라는 주장이다.

이렇듯 경제민주화라는 대의명분 아래 논의되고 있는 대기업 지배구조 개선을 위한 순환출자에 대한 시각은 큰 차이가 있다. 순환출자만이 아니라 출자총액제도 부활 등 경제민주화 관련 법안 하나하나에도 큰 시각차가 존재하고 있는 게 현실이다.

정도의 차이는 있지만 과거 모든 정부는 대기업의 문어발식 기업 확장에 대하여 출자총액제도, 상호출자금지 등으로 감시나 규제를 계속해온 것이 사실이다. 참여정부 시절에도 순환출자규제 강화 논의가 있었으나 H그룹의 신규 사업투자에 장애가 되는 등의 이유로 추진되지 못했다. 헌법 119조의 경제민주화는 반드시 이루어야 할 과제이나 이를 추진하기 위한 제도개혁은 정교한 분석 아래 신중하게 접근해야 한다. 닭이 사고 치며 앞마당을 휘젓고 다닌다고 묶어 키울 수 없다. 울타리 안에서 활발히 활동하며 알을 잘 낳도록 해줘야 하듯이, 경제민주화도 이루면서 대기업도 제 역할을 다할 수 있는 방안을 검토할 때이다.

경제민주화 관련 법안은 국회 입법화 과정을 거치면서 공론화 될 것이다. 국회 논의과정에서 관계 전문가, 경제계, 노동계, 시민단체 등이 참여하는 공청회를 개최하여 각계의 의견을 수렴하여야 한다. 중요한 정책을 결정할 때 가동되는 '여·야·정 협의회'도 개최되어야 할 것이다.

경제난국을 해결할 협치 문화

정부는 그동안 청년일자리 창출을 위한 '서비스발전기본법' 제정과 경제 체질 강화를 위한 '4대 부문 구조개혁'을 위해 국회의 협조를 강조해왔다. 그런 정부로서는 지난 4·13 총선에서 내심 여당의 압도적인 승리로 정책 추진에 탄력을 가져오길 기대했을 것이다.

벌써부터 여소야대로 나타난 의회 권력 변화를 놓고 향후 20대 국회는 국정이 표류하고 경제가 더 어려워질 것이라는 우려의 목소리가 나오고 있다. 신용평가회사 무디스사는 한국이 구조개혁을 제대로 하지 않을 경우 국가신용등급을 내릴 수 있다고 경고한다. 국정이 제대로 돌아가지 않으리라는 부정적 인식이 전제된 것 같다.

우리 정치사에 여소야대는 새로운 현상이 아니다. 노태우 정부에서는 선거 결과 4당 체제의 여소야대를 인위적으로 개편하여 여당이 절대 다수당이 되지만 다음 선거에서 다시 여소야대 정국이 되기도 했으니, 2008년 이후 이명박·박근혜 정부 들어 익숙해진 여대야소의 국회가 오히려 예외적이라 할 수 있다. 여소야대 상황의 역대 정부들은 정책을 추진하고 현안이 있을 때마다 여러 정당의 설득에 나섰는데 2001년 '여·야·정 정책협의

2016. 4. 28.《파이낸셜뉴스》

회'가 좋은 사례다.

여당 민주당과 야당 한나라당 간의 경색된 정국에서 정부 정책 추진이 어렵게 되자 당시 재경부 장관 진념 부총리는 여야 수뇌부와의 수차례 협의와 끈질긴 설득 끝에 여야 핵심 당직자들을 한자리로 모아 주요 현안 해결을 위한 '논의의 장'에 참여시킨다. 정부 측 설명으로 시작된 토론은 새벽까지 진지하게 현안별 토론으로 이어지면서 마침내 타협과 양보를 얻어내고 큰 어려움을 겪던 기업구조조정촉진법 제정, 공적자금 운영, 부동산 대책 등 6개 항에 대한 여·야·정 합의를 극적으로 도출해낼 수 있었다. 당시 실무자 중 한 사람이자 오래도록 공직생활에 임했던 내게는 소중한 기억이다. 여소야대의 정국에서도 '여·야·정 협의회'와 같은 논의의 틀을 활용해낼 수 있다는 선례이다. 20대 국회의 3당 체제하에 국민들은 어느 정파가 민생경제를 비롯한 국가경제발전에 주도적 역할을 하는지 주시하고 내년 대선에서 심판의 바탕으로 삼을 것이다.

최근 야당에서는 그동안 금기시해왔던 구조조정에 대해 거론하기 시작했다. 정치권의 큰 변화다. 정부가 이를 잘 활용한다면 소통과 타협의 협치 문화가 뿌리내리는 기회가 될 수도 있다.

대통령과 청와대 참모들은 미국 건강보험개혁을 두고 반대하던 공화당 의원들은 물론 소극적 입장을 지녔던 민주당 의원까지 일일이 맨투맨 식으로 적극적인 설득에 나섰던 오바마 대통령의 리더십을 새겨봐야 한다. 과거 우리나라에도 대통령이 국정 현안을 위해 의원들을 청와대로 초청하는 등 설득에 나섰던 사례들이 있었다.

대내외적으로 경제상황이 녹록지 않다. 올해 중 미국의 금리인상은 거의 확실해 보인다. 미 금리인상 후에는 외환위기(1997), 글로벌 금융위기(2008)

등 어려움이 뒤따랐다. 중국 경제의 경착륙도 우려된다. 일본, 유럽도 돈 풀기를 계속하지만 어려움을 겪고 있다.

우리 경제성장의 버팀목을 해주던 수출마저 감소하고 있다. 주력산업인 철강·조선·해운산업 등이 구조적인 불황에 빠지고 잠재성장률은 계속 추락하고 있다.

우리 경제가 겪고 있는 어려움은 순환적인 요인보다 구조적 문제로, 당면 현안인 구조조정과 신성장동력산업 육성을 위해서 정부와 정치권이 함께 지혜를 모아야 한다. 내년의 대선을 감안하면 올해까지가 경제 현안을 풀 수 있는 골든타임이라는 말도 나오고 있다. 정부는 여·야·정 정책협의를 조속히 추진하고 주도함으로써 이 어려운 난국을 돌파하려는 강한 의지를 보여야 한다.

정책전환은 신중하게

　최근 언론보도를 보면 우리 경제가 저점을 통과했는지, 언제쯤 본격적인 회복이 시작될지, 이른바 확장적 정책을 거둬들이는 출구전략은 언제 시행해야 하는지 등에 대한 논의가 많이 제기되고 있다. 그것은 경제가 작년 말 이후 연초까지의 심각한 침체상황에서 벗어나 다소 호전되고 있다는 반증이기도 하지만 다른 한편 경제여건의 불확실성 탓에 어느 한쪽으로 평가 내리기가 어려운 상황임을 나타내는 것이기도 하다.

　우리 경제는 작년 9월 리먼사태를 계기로 미국발 금융위기가 확산되면서 큰 충격을 받았고 작년 4분기에 급속한 경기하강을 경험했다. 위기의 진원지인 주요 선진국들보다도 성장률 하락 폭이 컸고 특히 수출이 급감하면서 많은 우려를 낳았다. 올 초에는 '3월 위기설'과 부정적인 외신보도 등으로 불안감이 고조되기도 했다. 그러나 금년 들어 선진국들이 큰 폭의 마이너스 성장을 지속하고 있는 데 반해 우리는 1분기에 전기대비 0.1퍼센트 성장하는 등 가장 먼저 경기급락세가 진정되었다. OECD의 경기선행지수에서도 회원국 중 가장 양호한 모습을 나타냄으로써 우리 경제에 대한 대외평가가 호전되는 배경이 되기도 했다.

2009. 7. 29. 《인천일보》

최근 긍정적인 신호들은 여러 군데에서 나타나고 있다. 광공업과 서비스업 생산이 개선 흐름을 지속하고 있으며 9백 포인트대까지 하락했던 주가지수가 1,400포인트를 넘어서고 있고, 환율도 1,200원대에서 안정을 찾아가고 있다. 금융시장의 안정을 바탕으로 소비 및 기업 심리가 빠르게 개선되면서 경기회복에 대한 기대감을 뒷받침하고 있다.

수출·수입이 함께 감소하는 불황형 흑자이긴 하지만, 경상수지도 지난 2월 이후 큰 폭의 흑자를 지속하고 있다. 연구기관들은 금년 2분기에 전기대비 2퍼센트가 넘는 수준의 플러스 성장을 기록할 수 있을 것으로 전망하고 있다. 얼마 전 한국은행 총재가 경기하강이 끝나가고 있다고 한 것은 바로 이런 경기 흐름을 반영한 것이라고 본다.

그러나 아직 경제가 회복되었다고 자신하기는 어려울 것 같다. 경제의 어려움이 지속되고 있는 데다가 불확실성도 매우 크기 때문이다. 그러한 점에서 나는 정부가 경기를 판단함에 있어 신중한 태도를 견지하는 것에 대해 충분히 공감한다. 컵에 물이 반 정도 차 있다 하더라도 그 물이 언제 줄어들지 모른다면, 성급하게 물을 마셔버리지 않도록 해야 하기 때문이다.

사실 우리 경제가 올 2분기에 빠른 회복을 할 수 있었던 것은 정부의 확장적인 통화·재정정책에 기인하고 있다. 그러한 효과를 제외한다면 민간부문의 자생적 회복력은 아직 미흡하다. 소비와 투자가 감소세를 지속하고 있고, 6월 취업자 수가 7개월 만에 플러스로 전환되었지만 대부분 희망근로 등 정부대책에 의한 효과로 분석되는 것도 같은 맥락이다.

국제금융시장 불안이 재연되거나, 국제유가가 빠르게 상승하면서 우리 경제를 다시 위축시킬 위험이 남아 있다. 사회적 갈등이나 북한의 움직임도 경우에 따라서는 경제심리에 크게 영향을 줄 수 있다. 이런 점을 종합적으로 감안하면 당분간 현재의 확장적 정책기조를 유지하는 것이 바람직하다고 본다. 섣부른 정책전환은 경기회복 분위기에 찬물을 끼얹을 수 있다. 다만 향후 경기회복이 가시화될 경우에는 인플레나 자산시장 버블 등의 부작용이 발생하지 않도록 정책기조를 바꾸어줘야 할 것이고 위기 극복을 위해 예외적으로 추진했던 정책들을 정상화할 필요가 있을 것이다.

또한, 위기상황일수록 기업·금융 구조조정을 본격화하는 등 경제체질을 개선해가면서 경제위기로 고통받고 있는 서민·취약계층에 대한 배려를 강화해가는 것이 중요하다. 위기가 끝난 후 우리 경제가 국제경쟁력을 잃지 않아야 하고, 위기 극복 과정에서 사회적 통합을 유지해야만 장기적으로 성장을 유지해갈 수 있기 때문이다.

나는 우리 국민이 이번 위기도 충분히 이겨낼 수 있는 저력이 있다고 믿는다. 위기 이후 당당하게 세계무대에 나서는 우리 경제의 모습을 기대해 본다.

민생경제의 최우선은 물가안정

지난달 소비자 물가 상승률이 5.3퍼센트로 28개월 만에 최고치를 기록
해 물가 불안감이 커지고 있다. 정부는 8월 물가상승의 주된 요인으로 이
상 호우로 인한 채소류와 금반지 가격이 오른 것을 들고 있다. 금년 초부터
4퍼센트대로 고공 행진해오는 물가를 주도하는 품목을 보면 돼지고기, 휘
발유, 전세 등 서민생활에 영향력이 큰 품목들이다. 돼지고기는 구제역 파
동으로 3백만 마리를 살처분하면서 6월 16.2퍼센트 가격이 상승하여 김치
찌개 가격을 비롯한 외식업에까지 영향을 미쳤다. 국제유가가 안정세를 보
이고 있음에도 휘발유 가격은 고공 행진을 계속하고 있다. 현재 원유가가
반영되려면 최소 3개월은 걸린다는 것이 정유업계의 설명이다. 최근 돼지
고기 가격이 안정세를 보이고 있고 휘발유도 연말쯤이면 가격하락을 기대
해볼 만하다. 큰 걱정은 전세금이다. 전세는 한번 오르기 시작하면 새로 이
루어지는 계약에 지속적으로 영향을 미치기 때문에 전세계약 기간을 고려
하면 최소 2년 이상 오름세가 유지되는 특성이 있다.

이러한 물가상승은 우리만의 문제가 아니다. 미국은 7월 소비자 물가 상
승률이 3.6퍼센트, 영국은 4.4퍼센트에 달했다. 디플레이션의 우려가 있던

2011. 9. 22. 《경인일보》

일본마저 7월 소비자 물가 상승률이 0.1퍼센트로 2008년 12월 이후 처음 플러스를 기록했다. 중국 등 신흥국도 물가에 비상이 걸려 있다.

최근 우리나라의 물가상승은 단기적인 수급문제만이 아니어서 더 우려스럽다. 지난 2008년에 닥친 글로벌 경제위기 극복 과정에서 문제가 잉태된 것이다. 우리는 글로벌 경제위기에 신속하게 대응했다. 금리를 5.25퍼센트에서 2.0퍼센트로 낮추고 2009년 한 해 동안 GDP 대비 3.6퍼센트에 달하는 대규모 재정을 투입했다. 경기를 살리기 위해 물가상승과 재정적자를 감수하는 정책을 선택한 것이다. 2008년 경제위기 초에는 유가가 배럴당 130달러를 넘어서고 원화값이 급락하면서 수입물가와 생산자물가가 함께 급등했다. 더욱이 올해 들어서는 수요압력까지 물가를 끌어올리고 있다. 우리가 선택한 거시정책의 결과로 이미 예견된 일이다.

최근 한국은행 총재가 기준금리를 3.25퍼센트로 유지하기로 결정한 뒤, 올해 물가 목표 4퍼센트 달성이 어렵다고 한 발언은 국민들을 더욱 당혹하게 한다. 물가가 오르면 생계비 상승으로 임금인상 요인이 된다. 임금 상승은 우리 상품의 국제경쟁력을 약화시켜 수출을 어렵게 한다. 또한 인플레이션은 자산 보유자를 유리하게 하고 봉급생활자의 실질소득은 감소시켜 소득분배도 나쁘게 만든다. 실질 이자율이 낮아져 금융저축도 감소한다.

우리는 1970년대 중화학 공업의 과잉·중복 투자로 연간 물가상승률이 두 자릿수가 넘는 인플레이션 경제에 살았다. 이를 극복하기 위해 추곡수매가 동결, 공무원 봉급 동결, SOC 투자축소 등 인기 없고 정치적으로도 부담이 컸던 정책을 추진하여 물가안정 기조를 정착시킨 바 있다. 1980년대 중반 3저효과를 우리 경제의 재도약의 발판으로 삼을 수 있었던 것도 안정화 정책이 성공했기 때문이다.

민생경제의 핵심인 물가안정이 우리 경제정책의 최우선 순위가 돼야 함은 과거의 경험을 통해서도 알 수 있는 것이다. 총수요를 적정수준으로 관리하지 않고 수급대책만 가지고는 물가안정을 이룰 수 없다. 더욱이 행정규제를 통한 물가안정책은 경제적 왜곡 현상을 키우는 것이다. 지수상의 물가안정에 구애되지 말고 구조개선 등 시장기능을 확대하고 금리·환율·재정 등의 균형 있는 거시경제를 운용할 필요가 있다. 이와 함께 독과점 시장 구조 개선과 각종 불공정 거래 시정에 대한 정부의 노력이 병행되어야 안정기조가 견고해진다. 정부는 9월부터는 물가가 안정된다고 한다. 그러나 작년 9월 이후 물가의 뜀박질이 빨라졌음을 감안하면, 기저효과로 상승률이 잠시 주춤해질 수는 있어도 물가압력이 누그러진다고 볼 수 없다. 인플레이션이 입법화 절차 없이 부과되는 유일한 과세수단이라는 한 경제학자의 말이 자주 떠오르는 요즘이다.

경제의 선순환을 위한 내수 진작

국민경제는 지출 측면에서 크게 소비(민간소비+정부소비), 투자, 재정, 대외거래 등 4개 부문으로 구성되어 있다. 이 중 가장 큰 비중을 차지하는 소비활동이 활발할 때 투자가 잘 이루어지며 이는 고용으로 연결되어 경제의 선순환구조를 만든다.

그런데 최근 우리 경제에서 민간소비 부진이 경제성장의 애로 요인으로 작용하고 있다. 1997년 외환위기 이전에는 60퍼센트 수준이었던 민간소비의 경제성장 기여율이 최근에는 30퍼센트대로 크게 하락하고 있다. GDP 중 민간소비 비중도 외환위기 이후 빠르게 하락하여 지금은 51.2퍼센트 수준이다. 미국의 70퍼센트 이상 수준과 비교하면 매우 낮음을 알 수 있다.

2011년 4/4분기 민간소비는 전 분기보다 0.4퍼센트 감소하여 11분기 만에 처음으로 마이너스 증가율을 기록했다. 이는 OECD 주요국과 비교했을 때 16개 국가 중 네 번째로 낮은 수준으로, 경제성장률이 전년대비 플러스를 기록한 국가 중에서 한국만 유일하게 민간소비가 감소한 것이다.

높은 물가상승, 가계부채 급증과 대출금리 상승에 따른 이자부담 증가

2012. 4. 5. 《경인일보》

등이 소비심리 위축과 실질 구매력의 저하를 가져왔다. 고용이 양적으로 늘기는 했으나 질적 개선이 미흡하여 실질소득 증가가 둔화되고, 유럽 재정위기의 확산으로 금융시장 변동성이 커져서 자산 효과가 축소된 것도 소비 부진에 영향을 주었다. 소비를 위축시키는 요인들이 단기간에 해결될 것으로 보이지 않아 향후 경제 전망이 밝지 않다. 집세·교육비·유가 등 물가의 구조적 불안요소가 여전하고, 이미 물가의 절대 수준이 높아진 상황이어서 앞으로 물가상승세가 둔화되어도 구매력이 크게 제고되기는 어려운 실정이다.

가계부채가 소비에 미치는 부정적 영향도 상당 기간 지속될 전망이다. 지난해 말 현재 가계부채는 912조 원으로 가구당 평균 4,500만 원이나 된다. 이에 따른 이자부담은 가계소비를 어렵게 한다. 소비의 중추적 역할을 하는 소득이 늘어야 하는데, 우리 경제는 저성장 기조가 장기화될 것으로 전망되는 가운데 생산가능인구가 고령화되고 있어 큰 폭의 소득 증가도 기대하기 어려운 상황이다.

우리 경제가 중장기적으로 안정적인 기조 아래 경제성장을 이루려면 내수 진작을 위한 민간소비의 증가가 매우 중요한 과제로, 이를 위해 실질소득 증대, 물가안정, 적정수준의 가계부채 관리를 위한 거시·미시 경제정책을 지속적으로 추진해가야 한다.

이와 함께 우리 사회의 제도 개선이 건전한 소비로 이어질 방안을 연구해야 한다. 여유 있는 계층이 소비하여 그 효과가 어려운 계층으로 흘러 내려가는 낙수효과(Trickle down effect)를 크게 해야 한다.

이와 관련한 방안으로 연휴를 확대하여 내수 진작으로 연결시키는 것을 생각해봤다. 지금의 국경일이나 공휴일 중에서 어린이날을 예로 들 경우,

현재의 5월 5일에서 5월 첫째 월요일이나 금요일로 바꾸어 지정한다면 연휴 기간이 주어져 여행 등의 소비로 이어지리라 기대해보는 것이다.

또한 우리나라의 경우 여름휴가 여행이 7월 말부터 8월 초에 집중되어 있어 숙박 예약이 어렵고 바가지요금 등으로 고통받는 점도 눈여겨봐야 한다. 여름 휴가철의 심한 교통체증으로 배추, 무 수송도 잘 안 되어 물가에까지 영향을 준다. 이는 자녀들의 여름방학 기간에 휴가가 몰리기 때문일 것이다. 따라서 이러한 문제들도 해결하고 민간소비도 유도할 수 있도록 여름방학, 겨울방학 기간을 1주일씩 단축하여 회사원과 공무원들이 봄이나 가을에 여유로운 휴가를 가질 수 있도록 제도적으로 보장해주는 방안을 검토해볼 수 있다. 이 경우에도 전국의 휴가를 획일적으로 같은 기간으로 지정하지 말고 전국 단위 교육청별로 3월 하순부터 5월 하순까지 각각 달리 정함으로써 원활한 교통 흐름과 여유 있는 숙박시설 이용을 유도해야할 것이다. 우리 사회에 예약 문화도 정착시키고 한정된 행락지 시설의 가동률도 높일 수 있을 것이다.

소비가 성장의 발목을 잡고 있다. 우리 경제의 미래와 선순환을 위해 모든 지혜와 특단의 대책이 요구되는 시점이다.

한국 경제의 패러다임 전환

사회과학에서 새로운 이론은 현실 적합성 확인과 실제 적용을 통해 이의 없이 수용되면 새로운 패러다임으로 발전한다. 경제 흐름의 변화에 새롭게 나타나는 현상과 문제도 이전과 다른 시각으로 인식하고 그 문제해결 방식을 찾아야 한다. 세계화 이후 주요 국가의 국내수요여건은 이전과 크게 달라졌다. 노동소득분배율이 낮아지고 가계저축은 줄고 기업저축이 증가하는 현상이 나타났다. 국민소득 분배에서 임금소득과 자영업자 소득 중 노동 귀속분을 합한 부분을 노동의 몫으로 본다. 우리나라의 노동소득분배율은 1990년대 중반 67퍼센트에서 2010년께 60퍼센트 수준으로 하락했다. 노동소득이 줄고 가계소득 성장이 부진한 데다 투자도 활발하지 않으니 내수가 약해질 수밖에 없다.

실제로 1997년 외환위기 이전에는 60퍼센트 수준이었던 민간소비의 경제성장 기여율이 최근에는 30퍼센트대로 크게 하락하고 있다. 국민소득 중 민간소비 비중도 외환위기 이후 빠르게 하락해 지금은 51퍼센트이다. 미국의 71퍼센트와 비교하면 매우 낮은 수준이다. 새로운 최경환 경제팀의 경제정책은 '소득 주도 성장계획'이라는 특징을 갖는다. 가계소득 증대

2014. 9. 16.《파이낸셜뉴스》

를 통한 경제 활성화에 중점을 둔 성장 원천의 패러다임 전환으로 보인다. 세계 경제가 둔화되고 금융위기 극복이 지연됨에 따라 주요 국가들이 내수에서 성장의 활로를 찾고 있는 추세에 따른 것이라 할 수 있다. 우리 경제의 당면한 어려움은 가계가 활력을 잃고 투자가 둔화되면서 기업의 성과가 가계소득으로 흘러가지 못하는 데 있다. 소비가 부진해지면서 다시 기업투자 기회의 축소로 이어지므로 지금까지의 투자·수출 확대에서 소비·내수 확대로 성장 패턴의 패러다임 전환이 필요하다는 인식이다. 바른 판단이다.

한국 경제발전 과정을 살펴보면 중요한 계기마다 정책의 전환이 있었다. 1970년대 후반, 압축성장에 따른 인플레이션 경제구조와 부문 간의 불균형을 개선하기 위해서 경제정책의 패러다임을 성장에서 안정으로 전환함으로써 1980년대 중반 세계 경제 3저현상을 한국 경제 도약의 계기로 삼을 수 있었다. 1980년대 초에는 치열한 수입자유화 논쟁을 거쳐 본격적인 대외개방 추진이라는 패러다임 전환을 통해 국제경쟁력을 제고해 우루과이라운드와 세계화로 직면했던 대외개방의 파고를 견딜 수 있었다. 1990년대 후반 외환위기를 통해서도 기업·금융·노동·공공 등 4대 부문 개혁과 함께 경제정책 패러다임의 대전환을 맞았다. 한·미 자유무역협정(FTA) 체결도 논란이 많았지만 '모든 개방이 성공을 보장할 수는 없어도 개방 없인 성공할 수 없다'는 인식의 전환이 밑바탕에 있었다. 2기 경제팀이 발표한 세부 내용을 살펴보면 단기적 경기 활성화에 중점을 둔 내수 부양책이 주를 이루고 있다. 40조 원 이상 규모의 재정·금융 지원, 기업의 배당 촉진 등 기업이익과 가계소득 간 선순환을 유도하는 세제개편이 핵심이다. 주택담보인정비율(LTV), 총부채상환비율(DTI) 규제를 완화함으로써 주택시장 활성화도 꾀하고 있다.

그러나 중장기적인 관점에서 성장동력 확보를 위한 구조개혁 정책이 크게 눈에 띄지 않는다. 장기적인 성장동력을 확보하지 못한 상태에서 단기 부양책만 지속된다면 경제구조가 취약해질 수밖에 없다. 정부 스스로 지금의 저성장은 구조적이고 복합적인 것이라고 진단했으면서도 처방은 경기 부양에만 맞춰진 것 같다.

중장기적으로 경제 체력을 키울 수 있는 기업투자 확대, 서비스산업 육성, 규제개혁 및 환태평양경제동반자협정(TPP) 가입 등 공급 측면에서 성장 잠재력을 높일 수 있는 정책도 병행해서 지속적으로 추진해야 할 것이다. 주요정책 추진에는 입법이 선행되어야 하므로 정치권의 협력이 필요하다. 과거에 경제가 어려울 때 정부와 정치권이 '여·야·정 협의체'를 통해 어려운 경제문제를 잘 풀어간 선례도 있으니 한국 경제의 패러다임 전환이 필요한 지금 정부가 더욱 분발해 우리 경제의 근본적인 문제를 풀어갈 수 있기를 기대한다.

선제적 대처가 위기를 막는다

최근 들어 대외경제 여건이 긴박하게 돌아가고 있다. 중국의 경제성장 속도가 급격히 저하되고 있다. 지난 3/4분기의 중국 경제 성장률이 6.9퍼센트로 발표됐다. 중국 경제가 경착륙할 경우 우리 경제가 가장 큰 영향을 받을 것이다.

10월 미국의 연방준비제도(Federal Reserve System)는 금리를 동결함으로써 국제금융시장의 급속한 혼란을 피했다. 이미 미국은 2008년 글로벌 경제위기에 대응하기 위해 과감한 통화신용 완화 정책으로 수차례 양적 완화를 실시한 바 있다. 그 후 유럽, 일본 등 선진 경제권의 과감한 양적 완화 정책이 이어지고 전 세계로 유동성이 확대되면서 4조 5천억 달러 이상이 풀렸다. 그중 상당 부분이 신흥국 경제로 흘러가 자본시장의 활성화와 통화가치를 상승시킬 수 있었다.

그러나 앞으로 미국의 금리인상은 미국으로의 자금회귀로 이어져 신흥 경제권에 큰 충격이 일어나리라 예상된다. 한국도 예외는 아니다. 국제금융협회(IIF) 발표에 따르면 올해 신흥 경제권의 순자본 유출은 5,410억 달러로 예상되며 이는 38년 만의 최초 순유출 현상으로, 글로벌 자금의 큰 흐

2015. 10. 29. 《파이낸셜뉴스》

름의 반전을 통한 세계 경제의 충격파가 클 것을 경고한다. 그리스 재정위기로 촉발된 유럽 경제 침체도 회복이 불투명한 상태이고, 원유·철강·동 등 원자재 가격의 하락으로 신흥국 경제도 어려움을 겪고 있다. 세계 어디를 둘러봐도 호재는 좀처럼 발견하기 어렵다.

1997년 태국에서 시작된 외환 금융위기 쓰나미는 인도네시아, 필리핀 등으로 밀려갔다. 당시 미국 연준은 금리를 인상하고 일본도 소비세를 인상하는 등 긴축정책으로 전환하고 있었다. 한국은 1997년 초부터 노동법 파동으로 정국이 경색된 가운데 한보·삼미·진로 등 대기업들이 도산하기 시작하고 금융기관도 함께 부실화되었다. 대통령선거 정국 속에서 우리 스스로 부실기업에 대한 구조조정, 금융개혁을 선제적으로 추진하지 못하다 외환위기에 빠지고 IMF에 구제금융을 요청하기에 이른 것이다.

한국 경제는 대외요인 변화에 대한 대응 시기를 놓쳤을 때 큰 위기를 겪었다. 최근의 세계 경제 환경과 국내 상황을 살펴보면 1997년과 유사한 면이 많다. 미국은 이미 1년 전부터 양적 완화를 중단하고 금리를 인상할 조짐이고 유럽, 일본도 출구전략을 마련하고 있다.

국내 경기는 내수가 부진한 가운데 수출도 9개월째 감소 추세에 있다. 가계·국가부채뿐만 아니라 기업부채가 가파른 속도로 증가하고 있다. GDP 대비 129.2퍼센트로 미국 112.8퍼센트, 독일 97.8퍼센트와 비교할 때 매우 높은 편이며 최근 들어 더욱 급증하고 있다. 일부 대기업들의 부채 비율은 8백 퍼센트를 넘었다. 기업부채가 새로운 경제위기의 '뇌관'이 될 수도 있다는 전문가들의 경고의 목소리가 커지고 있다. 일부에선 한국의 신용등급이 상승하고 3천5백억 달러가 넘는 외환보유액에 3/4분기 경제성장이 1퍼센트대를 회복했다고 낙관하는 분위기도 있지만, 대외의존도가 매우 높기에 국제환경에 의해 순식간에 위기상황으로 빠질 수도 있다. 대외 변화에 따른 위기 요인에 선제적으로 대처해야만 한다.

정부는 우선 저금리 상황에서 빚만 늘려 연명해온 한계기업(좀비기업)과 위기에 직면한 조선·철강·해운·건설산업 등에 대한 과감한 구조조정을 통해 더 큰 위기를 사전에 막아야 한다. 상시적인 한계기업 구조조정을 위해서는 법과 제도적 기반이 필요하다. 이를 위해 국회는 현재 계류 중인 '기업구조조정촉진법'과 '기업활력제고를 위한 특별법'을 조속히 통과시켜야 한다. 정부와 정치권의 협력으로 급변하는 국제경제 환경에 유비무환의 자세로 임해야 할 것이다.

2만 달러대의 늪

　한국 고유의 경제개발 경험을 개발도상국에 전수하기 위한 정부 사업으로 '지식공유사업(Knowledge Sharing Program)'이 있다. 프로그램에 참여하다 보면 상대국의 고위정책자들이 한국 경제의 압축성장 과정 외에도 한국 경제가 어떻게 '중진국 함정(Middle Income Trap)'에서 벗어날 수 있었는가에 대해 관심이 많은 것을 알 수 있다.

　중진국 함정이란 경제개발 초기에 순조롭던 성장세가 중진국 수준에 이르러 둔화되면서 장기간 정체로 빠져드는 현상을 말한다. 이때 국가 내부의 문제들이 집중적으로 폭발하고 빈부격차 등 각종 사회적 모순이 나타나기도 한다. 전형적인 예로 1970년대 이후의 아르헨티나 같은 중남미 국가들을 들 수 있다.

　최근 한국은행의 발표에 의하면 2014년 한국 국민 1인당 국민총소득, 즉 GNI(Gross National Income)가 28,180달러로 2013년에 비해 7.6퍼센트 늘어났다. 그러나 원인의 상당 부분은 2013년 연평균 1,095원이던 원/달러 환율이 1,053원으로 하락했기 때문이다. 2006년 처음 2만 달러 수준에 진입해 9년째 우리는 2만 달러대에 머물러 있다.

2015. 5. 12. 《파이낸셜뉴스》

올해 1/4분기 성장률은 전년대비 2.4퍼센트에 그치고 산업생산·수출· 투자·소비 등이 부진해 3퍼센트대 성장도 불투명하다. 올해 있을지 모를 미국의 금리인상이 원화 환율을 더욱 상승시킬 것이라고 보면 올해도 GNI 는 2만 달러대에 머물 것으로 보인다. 한국 경제가 중진국 함정과 유사한 '2만 달러대 늪'에 빠진 것이 아닌가 하는 우려의 목소리가 나오는 이유다.

세계은행은 한국을 일본, 싱가포르와 함께 중진국 함정에 빠지지 않 은 몇 나라 중 하나로 꼽은 바 있다. 일본은 2만 달러(1988)에서 3만 달러 (1992)까지 4년밖에 걸리지 않았고 싱가포르도 국민 1인당 GNI가 이미 5만 6천 달러에 달하고 있다. 어떻게 하면 지금의 2만 달러대에서 벗어날 수 있을까. 한국 경제의 여건과 구조 변화에 걸맞은 제도와 정책의 패러다임 전환이 필요하다.

저출산·고령화는 경제의 성장 잠재력을 약화시키고 있다. 공급 측면에 서 2016년부터 생산가능인구가 감소하고, 수요 측면에서는 2017년부터 소비능력이 약화돼 본격적인 고령화 사회로 진입하여 성장 잠재력이 급격 히 저하될 전망이다. 기존의 노동·자본 등 요소투입의 성장방식에도 한계 가 있다. 생산성이 성장을 주도하는 '혁신 중심의 경제(Economy based on Innovation)'가 되어야 한다. 사회 각 분야에서 지속적으로 혁신이 일어나 서 우리 경제의 비효율성과 낭비 요인을 제거함과 동시에 글로벌 경제시대 에 상응하는 제도개혁이 반드시 병행돼야 한다.

대내적으로 공공·노동·금융·교육 등 4대 부문 개혁, 규제개혁과 함께 대외적으로 지속적인 FTA 추진과 TPP 가입 등이 우리 경제의 잠재성장 률을 높이며 일자리를 만들고 소득도 늘려나갈 수 있다.

제도개혁과 대외개방에는 이익집단의 강력한 반발과 어려움이 따르게 마련이다. 최근의 임금·노동시간·정년 등 노동 3현안, 노동시장의 이중구조 문제, 사회안전망 확충 등에 대한 노사정 대타협 합의 불발이 이를 잘 보여주고 있다.

우리 사회의 생산성을 높이기 위한 제도개혁이 효율적으로 추진되기 위해서는 정부와 이해당사자들이 소통하는 협치의 기제를 잘 만드는 것이 매우 중요하다. 사회 갈등과 이해를 조정해가는 사회적 합의 틀이 잘 작동할 때 우리가 갇힌 2만 달러대에서 벗어날 수 있을 것이다.

잠재성장률의 진실

최근 OECD는 한국의 2020년대 중반 잠재성장률을 1퍼센트대로 전망했다. 경제주체가 모두 최선을 다해도 경제성장률이 1퍼센트대라는 의미다. 1990년대 중반까지 7퍼센트대였던 잠재성장률이 외환위기 이후 2000년대 중반 5퍼센트 내외를 기록하더니 2008년 글로벌 금융위기 이후 3~4퍼센트로 떨어졌다. 저성장, 일자리 부족, 가계소득 부진 등 현재 우리 경제가 당면하고 있는 어려움과, 일본은 5년 걸린 국민소득 2만 달러대에서 3만 달러 진입을 우리가 10년째 답보하고 있는 이유도 여기서 찾아볼 수 있다.

잠재성장률은 한 나라 경제에서 생산가능인구가 동원할 수 있는 자본을 모두 투입하여 물가 자극 없이 달성할 수 있는 최대성장률을 뜻하며 노동·자본·총요소생산성에 의해 정해지는데, 잠재성장률의 지속적인 저하는 과거의 고도성장기에서 큰 변화가 있었음을 의미한다.

최근 한국은행의 발표에 따르면 2015~2018년 한국 경제의 잠재성장률은 3.0~3.2퍼센트로 추정되며 이미 3퍼센트대의 저성장기에 진입했다고 진단한다. 2001~2005년 잠재성장률 기여도 2.2퍼센트포인트였던 자본이

2016. 10. 28. 《파이낸셜뉴스》

2015~2018년 1.4퍼센트포인트로 기업 투자 여력이 약해졌다. 같은 기간 총요소생산성 기여도 역시 2.2퍼센트포인트에서 1.4퍼센트포인트로 떨어져 기술혁신도 둔화되고 있음을 나타냈다. 그나마 변동이 없던 노동기여도 0.9퍼센트 역시 올해를 정점으로 생산가능인구 감소세로 돌아서고 잠재성장률 하락추세가 좀처럼 멈출 기미가 보이지 않으니 우리 경제의 기초체력이 얼마나 빠르게 약해지고 있나를 알 수 있다.

  잠재성장률 제고를 고려했을 때 지금 우리의 경제상황이 무엇 하나 만만한 부분이 없다는 데 심각한 어려움이 있다. 1960년대 경제개발 초기에는 여섯 명을 상회하던 우리나라 출산율이 현재는 세계 최저수준인 1.2명대를 기록하고 있다. 또한 우리 경제의 규모가 커진 까닭에 자본의 한계효율을 높이기도 힘들고 지금처럼 원천기술이 부족한 상황에서는 단기간 내 기술발전을 기대하기도 어렵다. 잠재성장률을 높이기 위해서 기댈 곳은 생산성 향상밖에 없다. OECD를 비롯한 국내외 전문기관들은 한국이 구조개혁에 성공하면 잠재성장률 1~2퍼센트포인트를 끌어 올릴 수 있다고 진단한다. 잠재성장률을 4퍼센트대까지 높일 수 있다고 보는 것이다. 외환위기 이후 역대 모든 정부가 노동·교육·공공·금융 등에서 구조개혁과 서비스산업 발전을 강조하는 이유가 바로 여기에 있다.

  유일호 경제부총리는 취임사에서 잠재성장률 제고를 강조했다. 매우 필요하고 적절했다. 사회 각 분야에 활발하고 지속적인 구조개혁이 잘 이루어질 수 있기를 기대한다. 아울러 정부 정책면에서도 잠재성장률을 높일 수 있는 정책을 신속하게 추진하기를 바란다. 지난 정부들이 해외수요 확대를 위한 노력으로 FTA 추진에 힘썼던 것처럼 TPP 가입도 서둘러야 한다.

아울러 총공급 능력 확대 차원에서 볼 때 인구정책에 대한 패러다임 전환이 필요하다. 인구문제를 잠재성장률 제고를 위한 핵심정책으로 받아들여 저출산 대책과 함께 획기적인 이민정책을 도입해야겠다. 외국의 고급인력을 적극적으로 유치하고 조선족, 고려인 3세 등 1천만 명에 달하는 재외동포의 국내이민을 적극 추진해야 한다. 특단의 대책으로 '이민청' 같은 전담기구를 신설하는 것도 검토해야 한다.

세세한 미시정책까지 꼼꼼하게 챙기는 정부의 노력이 어느 때보다 필요한 시기에, 박근혜 정부의 남은 임기 동안 경제정책을 책임질 유일호 경제부총리를 비롯한 경제팀에 거는 기대가 클 수밖에 없다.

복지와 재정건전성

IMF는 1997년 한국의 외환위기 대응 오류로 두 가지를 꼽는다. 첫째, 고금리 정책에 지나치게 의존했다는 것과 둘째, 재정정책 처방이 잘못됐다는 것이다. 한국은 1980년대 초부터 꾸준히 건전재정 기조를 유지해왔기 때문에 재정의 경기대응 여력이 충분했음에도 IMF는 긴축재정을 권고했다. IMF 경제체제에 들어간 한국은 이를 받아들일 수밖에 없었고 후에 IMF와의 합의로 당시 역대 최대규모 추경예산을 편성하는 등 확장적 재정정책을 추진해 위기를 극복할 수 있었다. 처음부터 IMF가 우리의 정책을 수용했더라면 환란의 고통이 크게 줄 수 있었으리라는 아쉬움이 두고두고 남는다.

2008년 글로벌 금융위기 역시 우리의 재정건전성이 뒷받침돼 있었기에 적극적인 정책을 펼칠 수 있었고 위기 극복이 가능했다. 하지만 두 위기를 겪으면서 우리 재정의 건전성이 많이 약화됐다. 재정건전성이 취약해진 가운데 2011년부터 각종 선거에서 무상보육, 반값등록금 등 재원에 대한 신중한 검토 없는 무책임한 공약들이 쏟아져 나왔고 지난 대선에선 모든 후보가 기초연금과 무상보육을 공약으로 내세웠다.

2015. 2. 7.《파이낸셜뉴스》

박근혜 정부의 공약 가계부는 '증세 없는 복지'를 내세운다. 임기 내에 복지 공약 추진에 드는 비용을 세출 절감, 지하경제 양성화, 비과세 감면 등으로 조달하겠다는 방안에 많은 재정전문가가 의문을 나타낸 바 있었다. 기초연금, 무상보육 등 복지예산은 2012년 92조 원에서 올해는 115조 원으로 3년 사이 23조 원이 늘어났다. 반면 복지재정을 부담할 세수는 오히려 크게 줄었다. 국세수입이 2014년 예상보다 10조 9천억 원 덜 걷히는 등 2012년부터 3년간 22조 원의 세수 결함이 생긴 상황이다.

최근 담뱃값 인상, 연말정산, 건강보험료 조정에 대한 비판이 '복지·증세' 논쟁으로 이어지면서 정치권과 언론을 뜨겁게 달구고 있다. 막상 복지공약을 이행하려니 재원 마련의 어려움을 인식하게 되고 재정건전성에 근본적인 문제가 제기된 것이다. 이제는 이 문제를 바람직한 방향으로 담론화하여 복지정책에 대한 사회적 합의를 유도하는 계기로 만들어야 한다.

'복지예산 재조정이 먼저다, 증세가 먼저다' 식의 이분법적 논쟁은 결코 바람직하지 않다. 현행 복지예산을 '제로베이스'에서 사업의 타당성, 부처 간 중복사업 및 전달체계 관련 낭비 요인을 세밀하게 분석해 과감한 구조조정을 하고 동시에 절대적으로 부족한 복지재정 규모를 늘릴 방안을 함께 논의해야 한다. 증세가 필요하다고 결론이 날 경우에도 그 재원을 소득세·법인세·부가세 중 어느 세목에서 찾아야 하는가 하는 논의의 장에 국회·정부·이해당사자 및 각계 전문가들이 모두 참여해야 하며 논의의 준거 기준은 물론 재정건전성이 돼야 한다.

우리는 1997년 외환위기와 2008년 글로벌 금융위기를 제외하면 정상적인 세입 범위에서 세출을 집행함으로써 재정의 건전성을 지켜온 전통이 있다. 세출을 증가시킬 때도 그 재원을 국공채를 발행해 차입을 확대하지 않고 목적세인 방위세·교육세·교통세 및 농어촌특별세를 신설해 재원을 충당해 재정건전성을 유지했다.

OECD 회원국 중 대표적인 '저복지-저세금' 국가인 대한민국이 앞으로 '고복지-고세금', '중복지-중세금'의 국가 중 어느 방향으로 갈 것인가 하는 사회적 합의가 필요한 시점이다. '무상·선택적 복지' 식의 이분법도 무의미하다. 고소득자들에게까지 복지 혜택이 돌아가게 해서는 안 된다. 지원이 절실한 저소득층의 복지 확대에 사용돼야 한다. 우리 경제가 당면한 잠재성장률 저하, 저출산·고령화, 국민연금 등 각종 사회보장제도의 성숙과 장래의 통일비용을 고려할 때 향후 복지정책 방향을 논의하는 과정에서 재정건전성은 무엇보다 우선시해야 할 정책목표다.

지방재정의 위기

최근 영유아 무상보육 확대에 대한 시도지사들의 반대성명과 인천광역시 공무원 수당 미지급 소식은 우리나라 지방재정이 매우 심각한 상황임을 깨닫는 계기가 되었다. 인천의 은하레일, 용인의 경전철 사업, 태백의 리조트 사업, 대구의 도시철도, 부산의 대규모 도로 사업 등 무리하게 사업을 추진한 자치단체들이 재정에 어려움을 겪고 있는 사실이 널리 알려짐에 따라 지방재정 위기에 대한 국민의 관심도 커지고 있다.

지방자치제도가 본격적으로 시행된 1995년 지방재정의 규모는 47조 원. 2010년에는 141조 원으로 증가하였으나 재정자립도는 1995년 63.5퍼센트에서 2010년 51.9퍼센트로 악화되었다. 전국 234개 자치단체 중 반 이상이 자체 세원인 지방세 수입만으로 인건비를 해결하지 못하고 있는 현실이다.

자치단체 중 재정자립도가 가장 낮은 곳은 7.6퍼센트의 전라남도 신안군으로 자체 세원이 부족한 신안군은 중앙과 전남도에서 받는 국고보조금과 지방교부세로 재정을 운용해야 한다. 정도의 차이는 있으나 모든 자치단체의 사정이 비슷하다.

2012. 5. 3. 《경인일보》

현재 지방재정의 어려움의 원인에 대해 크게 두 가지 견해가 나뉘고 있다. 먼저 중앙정부의 재정당국은 현재의 위기가 지방자치 실시 이후 지방자치단체의 무분별한 대형사업 추진, 특히 지방선거 때 표를 의식한 선심성 공약에 있다고 주장한다. 사업을 추진하면서 사업의 타당성, 재원조달, 향후 관리방안 등 정밀한 분석 없이 자치단체장들이 일방적 졸속으로 추진하여 지방재정이 부실하게 되었다는 것이다.

다른 주장은 중앙이 재원을 넘기지 않는 가운데 감세정책으로 인해 지방세 세입이 감소하고 사회복지 관련 세출이 증가하여 지방재정이 어렵게 되었다는 주장이다. 감세정책으로 5조 원 이상의 지방세입이 감소됐고 부동산 거래가 저조해져 주 수입원인 취득세·등록세가 크게 줄었다는 것이다.

이러한 시각차는 지방재정 위기의 해법에 있어서도 큰 차이를 가져온다. 자치단체는 중앙에 대해 지방교부세를 확대하고 지방소비세를 신설하여 지방의 자주 재원으로 해달라고 요구한다. 중앙은 재원 문제보다 합리적인 지방재정의 운용이 선행되어야 한다고 선을 긋는다.

이런 가운데 전남 완도군이 채무를 다 상환하여 '부채 제로'를 이뤘다는 소식은 지방재정 건전화의 필수조건이 무엇인가를 보여주는 사례이다. 완도군의 김종식 군수는 세 차례 연임하는 지난 10년 동안 기존의 부채를 갚아가면서 새로운 부채를 일으키지 않는 군정을 펼쳐 완도군의 부채를 제로로 만들었다. 김 군수는 "표를 얻으려면 주민들에게 무엇인가 보여주어야 하기 때문에 언제나 빚을 내서라도 사업을 하고 싶은 충동이 있었다"고 고백했다.

김 군수는 이러한 욕구를 억제하면서 모든 사업을 시행하기 전에 사업

비를 어떻게 조달할 것인가를 먼저 고민하고 채무를 발생시키는 사업은 원천적으로 제외했다고 한다. 혹자는 김 군수의 이러한 군정 운영을 소극적이라고 비판할지 모르나 선거를 의식하여야 하는 선출직 군수로서는 쉽지 않은 용단이다.

건전한 지방재정을 이루기 위해서 자치단체장의 자세가 중요하지만 이와 함께 세출과 세입에 대한 통제나 감독 기능을 가진 지방의회가 제 역할을 제대로 하여야 한다.

이러한 자치단체장과 지방의회의 책임 있는 자세와 더불어 지방재정의 건전성을 강화할 수 있는 제도 개선도 병행되어야 한다. 지방재정 전문가들이 기업에 적용되는 워크아웃제도를 지방자치단체에도 도입하자는 주장을 이제는 적극 검토해야 한다. 재정 위험이 있는 자치단체에 대해 위기관리대책 수립을 의무화하여 조직의 구조조정, 예산 효율화 방안 수립 등 재정건전화 계획을 추진하게 해야 한다. 이를 통해 신규 사업이나 지방채 발행을 제한함은 물론이다.

재무상태가 부실한 기업을 강력한 워크아웃제도로 건전한 기업으로 탈바꿈시키듯 강력한 재정건전화 수단을 지자체에도 원용하자는 것이다. 아울러 지방재정의 건전성을 나타내는 각종 지표들을 계량화하여 부실 징후를 사전에 감지할 수 있는 '지방재정 조기경보시스템' 구축도 적극 검토하여야 한다. 관계당국의 지방재정 건전화를 위한 정책적 노력을 촉구한다.

건전한 재정을 위하여

16년이 되었다. 6·25전쟁 이후 최대의 국난으로 일컬어졌던 1997년 외환위기가 우리 경제·사회에 준 충격은 이루 말할 수 없었다. 국가부도라는 외화유동성 부족 상황 위기에 처한 한국은 IMF에 구제금융을 신청하게 되고 그해 12월 3일 총 590억 달러 규모의 구제 금융지원을 받게 되는데 지원 대가로 IMF는 고금리정책과 재정긴축을 포함한 정책이행협약을 요구해왔다.

고금리정책의 여파로 1997~1998년 두 해 동안 4만 개 이상의 기업이 도산하고 순식간에 150만 명 이상의 실업자가 양산됐지만 IMF의 무리한 긴축재정 요구에 묶인 정부는 실업 등을 해소하기 위한 적극적인 재정정책을 펼칠 수 없었다. 한국이 전통적으로 재정건전성을 잘 지켜온 모범국가였지만 IMF는 외환위기의 원인과 큰 관련이 없는 재정부문에 대해서도 자기들 방식을 주장하며 긴축재정을 요구해온 것이다.

기업, 금융부문이 초래한 외환위기를 극복하는 과정에서 재정부문의 역할은 매우 중요했다. IMF와 긴축재정 재협상 이후 재정운영의 초점과 집행방향에 대한 본격적인 수정이 이뤄졌다. 경기침체에 대응하기 위한 공

2013. 11. 25.《파이낸셜뉴스》

공사업 추진, 중소기업 지원 확대 및 사회안전망 확충 등으로 1998년에는 GDP 4.2퍼센트 수준의 적자를 내는 적극적인 재정정책이 실시됐다. 아울러 재정에서 165조 원 공적자금이 투입돼 금융구조조정의 기틀이 마련되기도 했다. 나중에 2008년 글로벌 경제위기 당시 추경예산 편성 등을 통한 적극적인 재정정책으로 위기를 넘길 수 있었던 것도 우리 경제가 재정건전성을 잘 유지해왔기에 가능했던 것이다. 그런데 최근 들어 재정건전성에 대한 걱정이 커지고 있다. 가계부채를 비롯한 몇 가지 요인들과 함께 재정부문이 우리 경제의 뇌관이 될 수 있다는 주장도 있다. 특히 지난 대선 공약으로 제시된 복지공약이 무리하게 추진될 경우 재정건전성에 돌이킬 수 없는 타격이 될 것을 우려하고 있다.

박근혜 정부는 향후 5년 동안 복지재원 추가소요 135조 원을, 세출절감으로 84조 원, 세입확충으로 51조 원을 조달하겠다고 한다. 세입확충은 지하경제 양성화로 매년 5조 원 이상을 확보하고 세출삭감은 주로 사회간접자본(SOC) 사업 축소로 이룬다는 방침에 재정전문가들은 그 현실성에 의문을 제기한다. 현재 한국의 국가채무 규모는 480조 3천억 원, GDP의 36.2퍼센트로 OECD 평균 108.7퍼센트에 비해 상당히 낮은 편이다. 그러나 정부가 발표한 발생주의 기준에 따른 국가채무는 902조 원으로 GDP의 70.9퍼센트에 도달해 있다. 지방정부, 공기업 등의 부채도 빠르게 증가하고 있다. 잠재성장률이 저하되고 있는 가운데 급속한 고령화로 인한 연금 및 의료보험 등 복지비 지출 급증으로 앞으로 국가재정 운용은 더욱 어려워질 것으로 보인다.

얼마 전 정부에서 오랫동안 재정정책을 담당했던 전직 관료, 재정학자, 언론인들로 구성된 '건전재정포럼'은 최근 '국가 부도위기를 막으려면 엄격한 재정준칙을 빨리 법제화하라'는 주제를 가지고 정책토론회를 개최했다. 재정건전성 유지를 위한 재정준칙을 법제화할 것과 재정준칙에 포함할 주요 내용으로 세입·세출·예산의 수지균형 원칙, 국가부채 증가 한도의 법제화, 일정 규모 이상의 재정사업 수지균형원칙제도 도입, 국가재정운영계획에 발생주의에 의한 국가채무비율 반영과 국영기업, 지방공기업 통제강화 등이 제시되었다. 오늘날 많은 선진국이 정치적 포퓰리즘을 벗어나 나라의 재정건전성을 지키기 위해 재정준칙을 법제화해 운영하고 있음을 볼 때, 이번 '건전재정포럼' 제안을 정부와 정치권은 심도 있게 검토해야 할 것이며, 특히 국회는 2015년 예산부터라도 새로운 재정준칙 아래 예산 심의가 가능해지도록 앞장서서 추진하는 것이 바람직하다는 생각이다.

안전한 대한민국의 꿈

세월호 사고로 3백 명 이상의 고귀한 생명이 희생·실종됐다. 수학여행을 떠났던 아이들이 싸늘한 시체가 되어 돌아왔다. 아이들의 앳된 영정사진 앞에서 차마 할 말을 잃는다.

사고 현장이 TV로 생중계되고 배 안의 아이들이 구조되지 못한 채 침몰하던 세월호의 모습이, 안타까움과 무력감으로 지켜볼 수밖에 없었던 국민들의 마음속에 고스란히 상처로 남겨졌다.

세월호와 관련된 사실이 하나하나 밝혀지면서 이미 예견된 사고였음을 뼈아프게 인정해야 했다. 우리 사회에 깊이 뿌리박힌 부조리, 안전에 대한 불감증, 이런 총체적 문제점들이 합쳐져 일어난 사고였다. 실종자 수색이 끝나지 않았지만 이 같은 참담한 일이 다시 일어나서는 안 되겠기에 아픈 자성으로 짚고 가야 할 일들을 생각해본다.

첫째, 이번 사고에 대한 철저한 조사가 이뤄져야 한다. 세월호 전복의 원인(선박불법 개조, 복원력 상실, 과도한 화물적재 등), 해수부·해경 등 관계기관의 미흡한 초기대응, 협조체제, 구조활동 평가, 선박감독 실태 조사를 통해 책임소재를 명확하게 밝혀야 한다. 미국은 9·11테러 이후 특별조사위원회

2014. 5. 8.《파이낸셜뉴스》

가 20개월간 활동해 만든 41가지 권고사항을 기초로 사후대책 방안을 수립했다. 정부도 사고의 근인과 원인, 시간대별 조치의 평가, 관계기관 협조 체제에 대한 객관적이고 투명한 조사를 기초로 선박안전을 위한 개선책을 수립해야 한다.

둘째, 우리 사회 각 분야에 또 다른 세월호에 대한 안전대책을 강구해야 한다. 국내 여객선 173척 중 세월호(선령 20년)보다 오래된 노후선이 50척이나 된다. 여객선 선령 제한이 20년에서 최장 30년으로 풀린 2009년 이후 수입된 여객선의 60퍼센트는 선령 15년을 넘긴 낡은 배라고 한다. 이 낡은 배들이 단체여객 수요가 많은 제주·울릉도 노선에 투입되고 있는 게 현실이다. 연안여객선에 대한 전수 안전조사가 있어야 한다. 지하철·항공·노선버스 운행도 점검하고 학교·학원·극장·마트·몰·재래시장 같은 다중 이용업소의 안전상태도 확인해야 한다.

셋째, 정부는 세월호 희생자의 보상대책을 미리 마련해 신속하게 추진해야 한다. 희생자와 가족에 대한 최소한의 도리라고 생각한다. '선 보상-후 구상권 청구' 방안을 적극적으로 검토했으면 한다. 1995년 삼풍백화점 사고 때 재난관리법이 신속하게 제정돼 특별재해지역으로 선포하고 '선 보상-후 구상권 청구'로 보상한 선례가 있다.

넷째, 이번 참사가 우리의 기본안전에 대한 경각심을 제고하는 계기가 돼야 한다. 국민 모두 기본으로 돌아가 교통법규 준수를 비롯한 안전의식을 생활화해야겠고, 기업은 안전교육이 비용이 아닌 투자라는 인식을 가져야 한다. 세월호 소유회사의 연간 직원 안전교육비 예산이 54만 원이라는데 다른 기업들의 안전교육 실태는 어떤지 점검해보아야 한다. '안전함'에는 '불편함'이라는 비용이 수반된다. 오래전 스위스에서 자동차여행을 한

적이 있다. 알프스산맥을 관통하는 터널 부근에 이르니 교통체증이 심했다. 차들이 길게 늘어선 채 마냥 기다리고 있었다. 알고 보니 경찰관이 일정한 수의 자동차만 순차적으로 터널에 보내고 무사히 통과한 것을 확인한 후에야 다음 차량을 보내는 식이었다. 안전을 위해 그곳 사람들은 불편함을 그대로 감수하고 있었던 것이다.

다섯째, 정부는 어려워질 수 있는 국내 경기에 적극 대응해야 한다. 국가적 재난에 희생자를 애도하고 함께 슬퍼하며 유흥, 향락 활동과 과시적 소비를 자제하는 것은 공동체 일원의 당연한 도리다. 그러나 이 분위기가 길어지다 보면 자칫 일상적인 소비지출과 통상적인 활동마저 위축될 수 있다. 내수 위축으로 어려운 경제에 더 부담되지 않도록 정부의 정책적 대응이 필요하다.

모든 국민의 기본권이 지켜지고 안전한 환경에서 자유롭고 건강한 삶을 누릴 수 있는 나라가 우리가 살고 싶은 나라다. 이번 사고를 통해 선진국으로 가는 길이 얼마나 멀고 어려운 길인가 새삼 통감한다.

안전에 대한 자기성찰의 시간

　세월호 사고로 충격을 받은 국민은 연이은 사고 소식에 일상생활에서조차 두려움을 느낀다. 올 2월 경주 마우나오션 리조트 체육관 붕괴사고를 시작으로 세월호, 서울지하철, 아산 신축오피스텔 붕괴, 고양 터미널 화재, 장성 요양병원 화재사고 등 언제부터 대한민국이 이렇듯 안전과 거리가 먼 사회가 됐을까.

　그간 세계에서 유례없는 빠른 산업화를 이루면서 한국은 세계의 놀라움과 부러움을 받아왔다. 1백 년도 넘게 걸릴 일을 단 몇십 년에 걸쳐 이뤄냈다. 그러나 그 탓에 안전 불감증의 성급한 민족이 돼버렸고 기업은 사회적 기본윤리나 책임의식은 무시한 채 경쟁과 이윤추구에만 매달려왔다. 정부도 자유로울 수 없다. 정권이 바뀔 때마다 고심해 만든 정책들은 쉽게 엎어지고 버려진다. 안전행정 컨트롤타워의 부재, 안전부처의 잦은 조직 변경에 따른 상대적 존재감의 미약함, 관과 민의 유착 고리가 급기야 정부의 위기관리능력 부재로까지 이어지고 민낯을 국민 앞에 그대로 드러내고 말았다.

　20세기를 대표하는 사회과학서 『위험사회』의 저자 독일 뮌헨대 울리히 벡 교수는 모 일간지와의 인터뷰에서 이렇게 경고의 메시지를 던졌다. "예

2014. 6. 10. 《파이낸셜뉴스》

측할 수 없는 불안이 현대사회의 특징이다. 한국의 세월호 참사는 인류학적으로 쇼킹한 사건이며 특별한 위험사회인 한국의 단면을 그대로 보여준 사건이다. 압축된 근대화를 겪으며 한국은 모든 것이 너무나 빠르고 역동적으로 변한 만큼 수많은 위험요소가 내포됐지만 그것을 해결할 시간도, 여유도 없이 달려왔다. 한국 사회가 같은 재앙을 반복하지 않기 위해서는 스스로의 성찰과 변화가 있어야 한다. 안 그러면 한국은 재앙사회(Catastrophic Society)의 오명에서 벗어날 수 없을 것이다." 인정할 수밖에 없겠다. 그렇다. 이제라도 걸음을 늦추고 돌아보자. 바로잡을 건 바로잡고 도려낼 것은 도려내고 개인적·사회적·국가적 자기성찰과 거듭나는 변화로써 이 위기에서 벗어나야 비로소 우리는 다음 단계의 성숙한 사회로 진입할 수 있을 것이다.

최근과 같은 많은 안전관련 사고는 경제·사회적 손실로 이어진다. 매년 산업재해와 교통사고 처리 비용이 30조 원이 넘어 한 해 국방예산의 규모에 맞먹는다. 산업재해로 인한 경제적 손실도 19조 2천억 원으로 연간 노사분규로 인한 피해액(3조 6천억 원)의 다섯 배가 넘는데, 이는 1만 3천 달러 가격의 자동차 138만 대를 수출한 금액이자 연봉 2천만 원의 근로자를 96만 명 채용할 수 있는 금액이다. 지난해 산업재해를 당한 우리 근로자는 8만 4,100명으로 OECD 국가 중 1위를 기록했다. 많은 기업이 푼돈을 아끼려고 안전에 소홀하여 소탐대실하기를 해마다 반복하는 것이다.

오늘날 우리 사회에서 일어나고 있는 사건 사고는, 한 세대 동안 포테이토칩 생산에서 첨단 반도체칩 생산까지 단기간의 기술과 경제성장을 이룬 데 대한 대가로 받아들이자. 지나치게 의기소침하거나 자기비하에 빠져서는 안 된다. 지금은 안전 선진국으로 분류된 나라들도 우리가 겪고 있는 상황을 예전에 경험했다. 미국은 1911년 뉴욕의 대형 봉제공장인 '트라이 앵글 셔츠웨이스트' 화재로 146명이 사망한 비극을 계기로 하여 획기적인 안전시스템을 갖추게 됐다.

이제부터라도 안전을 가장 높은 가치로 두고 지속적인 투자를 통해 확고한 제도적 기반과 전문 인력양성에 배전의 노력을 해야 한다. 안전한 사회라는 총론에는 모두 동의한다 해도 막상 그 비용이 개인적 부담으로 청구될 경우 망설이는 것이 현실이라는 점을 감안하면, 이를 감내하겠다는 사회적 합의를 이루어야만 우리의 안전시스템 구축이 가능할 것이다. 세월호와 함께 침몰한 정부와 정치권을 바라보는 국민의 신뢰는 정부와 정치권이 진정으로 국민 앞에 책임을 인정하고 거듭나는 자세로 문제를 풀어갈 때 회복될 것이다.

국가재정을 위한 규칙

우리나라의 재정건전성이 빠르게 악화되고 있다. 경제성장 둔화로 세수는 주는데 복지예산 등 지출이 급속히 증가하고 있다. 박근혜 정부 들어 재정적자는 2013년 21조 원, 2014년 29조 원, 올해는 최대 30조 원에 달할 수도 있을 것으로 보인다.

지난 3년간 세수 부족이 22조 3천억 원으로 2015년도 역시 상당 규모 부족이 예상된다. 재정건전성을 지키기 위해 재정전문가들이 페이고(Pay as you Go) 준칙을 도입해야 한다고 주장하는 이유이다. 페이고 준칙이란 의무지출이 포함된 새로운 법안을 만들 때 이에 상응하는 세입 증가나 법정지출 감소를 동시에 법안에 포함하도록 의무화하는 것으로 1990년 미국에서 처음 도입되었다.

미국은 1970~80년대 재정적자와 무역적자가 급격히 쌓이면서 심각한 재정위기에 봉착했다. 이를 타개하기 위한 한시적인 정책으로 처음 페이고 준칙을 도입했고, 그 결과 1998년 지출삭감의 효과를 얻으면서 30년 만에 재정흑자로 돌아섰다. 이후 9·11테러 사태, 이라크 전쟁 등으로 국방예산이 큰 폭으로 증가해 재정적자 폭이 커지자 다시 페이고 준칙을 도입했

2015. 6. 4. 《파이낸셜뉴스》

다. 오바마 행정부가 들어서면서 페이고 준칙은 영구법이 되었고 2009년 GDP 대비 13.3퍼센트의 재정적자는 2013년 8.5퍼센트로 감소했다.

영국·독일·일본 등 다른 선진국들도 재정이 소요되는 입법에는 미국의 페이고 준칙과 유사한 지출감축·수입증가 방안을 의무화하고 있다. 우리나라의 경우 정부입법은 이미 국가재정법에 따라 재원조달방안 제출을 의무화하고 있다. 그러나 의원입법은 국회 예산정책처의 비용추계서만 첨부하면 되기에 재원대책 없이 추진되는 경우가 많다. 대표적인 예로 '국가유공자 등 예우 및 지원에 관한 법률' 개정안을 들 수 있다. 핵심내용은 6·25 전몰군경 자녀수당을 이미 성년이 된 자녀 전체에게도 지급하자는 것으로, 연간 516억 원이 소요된다. 시행될 경우 베트남전 참전 등 다른 유공자 자녀와의 형평성 논란이 제기될 것이고 따라서 모두 적용시키게 된다면 연간 1조4천억 원의 예산이 소요될 것으로 재정당국은 보고 있다.

의원입법에도 페이고 원칙의 적용 법안이 국회에 제출되었지만 입법권의 과잉제한이라는 이유로 3년째 계류 중에 있다. 국회 예산정책처에 따르면 2013년 재정이 수반되는 184건의 법안을 취합해보니 연평균 82조 원의 예산이 필요한 것으로 나타났다. 재정 영향에 대한 고려 없이 법안이 만들어지고 있는 것이다. 2010년 392조 원 GDP 대비 31퍼센트의 국가채무가 올해는 35.7퍼센트 570조 원으로 급증할 것으로 예상된다. 재정전문가들은 국가채무 증가 속도 등을 감안할 때 우리 재정에 이미 적색등이 켜진 것으로 본다.

내년에 총선거, 그 후년엔 대통령선거가 있다. 정치권은 국가재정을 고려하지 않은 채 퍼주기식 선심성 공약을 경쟁적으로 내놓을 것이다. 그 전에 재정지출 통제를 위한 제도적 장치를 만들어놓아야 한다. 페이고 도입에 대해 정치권의 찬반 입장이 있지만 국가재정의 중요성을 재정립하는 차원에서 도입돼야 한다고 본다.

2005년 신설된 '국회법 83조 2항'에 대한 국회규칙도 만들어져야 한다. 해당 조항은 상당한 규모의 예산이 필요한 법안을 제정할 때는 소관 상임위원회가 예산결산특별위원회와 미리 협의를 거쳐야 한다고 명시하고 있는데, 안타깝게도 그 구체적 기준이 될 국회규칙은 10년째 만들어지지 않고 있다. 재정전문가를 포함한 많은 국민은 국회가 국가재정을 위해 신속한 조치를 취해줄 것을 바라고 있다.

국민연금에 대한 불안

최근 한 여론조사에서 국민 노후불안의 첫 번째 요인으로 응답자의 40퍼센트가 국민연금 고갈을 꼽았다. 뚜렷한 노후대책이 없는 많은 국민들은 2060년께 국민연금이 바닥날 수 있다는 사실에 큰 우려를 갖고 있다.

롯데그룹의 경영권 분쟁 사태는 국민연금에 대한 관심을 더 높이는 계기가 됐다. 롯데그룹의 주가하락으로 시가총액이 7천억 원 이상 줄어들고 국민연금은 5백억 원 이상의 평가손실을 입었다. 한편 불과 2.41퍼센트 지분을 소유한 총수 일가가 80개 계열사를 지배하는 구조를 놓고 6.9퍼센트 지분의 대주주인 국민연금이 실질적인 권한행사를 해야 한다는 주장이 제기되었다. 그러나 국민연금의 지나친 민간 기업경영 개입은 기업경영과 시장에 악영향을 끼칠 수 있다는 목소리와 현행법상으로 기업경영의 직접 관여는 무리하다는 해석이 나오면서 주장이 한풀 꺾인 분위기이다.

여론조사에 나타났듯이 국민연금에 대한 국민들의 진짜 관심과 불안은 기금 고갈로 인한 연금 수령의 차질 여부이므로, 본질적인 문제는 국민들의 불안을 덜어주는 것에 있다.

올해 국민연금은 대략 5백조 원 규모이다. 2040년쯤 2,560조 원까지 늘

2015. 8. 25. 《파이낸셜뉴스》

어나지만 이후로 연금지급액이 급격히 늘면서 2060년께는 기금이 바닥날 것으로 추산되고 있다. 국민연금의 지속가능한 구조를 유지시키기 위한 개선방안은 과거 정부들부터 줄곧 추진되어왔다. 그러나 구체적인 해결방안을 마련하지 못한 가운데 지금은 연금운용의 안정성 못지않게 수익성을 높이자는 논의가 진행 중이다.

먼저 현재 국민연금의 거버넌스를 포함한 운용방식 개선에 대한 논의가 한창이다. 그 핵심은 현재 국민공단 내에 있는 기금운용 기구를 공단에서 분리하고 전담기구로 만들어 전문성을 높이자는 주장이다. 독립적인 기구로 공사를 설립하자는 주장을 놓고는, 금융전문가 위주로 전문성을 강화하다 보면 지나치게 수익에 매몰되어 손실이 발생할 경우 국민의 노후가 위태로워질 수도 있고 정부의 영향으로부터도 자유롭지 못하리라는 반대 주장도 있다.

그러나 앞으로 1천조, 2천조 원 이상으로 커지는 국민연금이 금융시상은 물론 거시경제 운용에도 큰 영향을 미칠 것으로 예상됨에 따라 전문성을 갖춘 전담기관에서 독립적으로 운용하는 것이 보다 합리적일 것이다.

그동안 국민연금은 채권투자 비중이 높았다. 결과적으로 시중금리를 인하시켜 기존에 투자된 연금자산 이자 감소에 대해서는 어느 누구도 책임지지 않는 것이 현행 구조였는데 이를 더 이상 방치해서는 안 될 것이다.

또 다른 핵심 논의사항은 기금운용위원회의 개선이다. 정부위원·시민단체·가입자 대표 등 21명으로 구성되어 있는 현 기금운용위원회로는 전문성이 부족하고 심도 있는 논의가 어려워 개선해야 한다는 공감대는 형성되어 있지만, 현행처럼 보건복지부 산하로 두느냐 아니면 제3의 기관으로 두느냐에 대한 논의가 남아 있다.

국민연금의 관리체계는 성공적으로 연금을 관리하고 있는 외국 사례를 벤치마킹하는 것도 좋은 개선방안을 만드는 데 도움이 될 것이다. 캐나다 연금투자이사회(CPPIB), 미국 캘리포니아주 퇴직공무원 공제회인 캘퍼스 등이 대상이 된다. 아울러 현행 감사방식도 개선해 보다 중장기적 관점에서 기금운용이 가능하도록 해야 한다. 최근 들어 국회에서 국민연금 개선안을 마련하기 위한 여야의 적극적인 움직임은 매우 바람직한 모습이다.

이제 국민연금 운용 개선은 더 이상 미룰 수도, 미뤄서도 안 된다. 정부와 국회가 힘을 합치고 전문가들의 지혜를 모아 국민연금으로 인한 국민들의 노후불안을 줄여주는 방안을 적극적으로 강구해야 한다.

국가 이미지

'Dynamic Korea.' 한국을 상징하는 이미지의 하나로 역동성을 들 수 있다. 2002년 거리를 온통 붉게 물들이며 '대~한민국'을 뜨겁게 외치던 월드컵 응원은 한국인에게 잠재되어 있던 역동성을 표출했다.

또 하나의 상징적 이미지로 한국 경제의 특징에 나타난 복원성(Resilience)을 든다. 멀리는 전쟁의 복구와 석유 파동 극복, 가까이는 외환위기와 글로벌 금융위기 극복을 사례로 꼽는다.

1997년 외환위기는 4만 개 기업이 문을 닫고 170만 명의 실업자가 발생하는 등 우리에게 엄청난 고통을 주었다. 그러나 기업·금융·노동·공공이라는 4대 부문의 과감한 개혁과 전 국민의 고통 분담 감수로써 IMF 구제금융을 조기 상환해 부도 직전의 한국 경제를 다시 일으켜 세웠으며, 전 세계에 한국 경제의 복원성 이미지를 확인시켰다.

그런데 최근 한국의 긍정적인 이미지가 크게 흔들리고 있다. 선진국의 문턱에 와 있다고 믿었던 우리 스스로조차 큰 충격으로 혼란스럽다. TV·자동차·조선·반도체에 이르기까지 첨단 제품을 잘 만드는 나라, K팝·K드라마로 문화를 이끌어가는 나라라고 한국에 좋은 이미지를 갖고 있던 외

2016. 12. 17. 《매일경제》

국인들은 이 이미지 실추를 큰 충격으로 받아들인다. 어렵게 쌓아 올린 국가 이미지가 한순간에 무너져 내리는 건 아닌가 걱정된다. 쌓아 올리기는 어렵지만 무너뜨리는 것은 일순간이다.

한국이 앞으로 어떠한 길을 갈 것인가 전 세계는 지켜보고 있다. 대규모 촛불시위가 평화적으로 끝나고 거리는 참가자들에 의해 깨끗이 정돈된다. 세계 어디에도 없는 시위문화를 국민이 만들어가고 있다. 과거에 화염병이 난무하던 어두운 한국의 시위를 기억하는 외신들은 이 시위 현장을 놀라운 눈으로 보도하고 있다. 한국이 성숙한 민주주의를 향해 한 걸음 내디딘 만큼 이번 일이 외국인들에게 '평화와 민주를 사랑하는 나라'라는 이미지로 인식되었으면 좋겠다.

내적으로 우리는 이 위기를 기회로 삼아 도려낼 것은 도려내고, 버릴 것은 버림으로써 정치·사회·경제·문화 등 모든 분야에서 시대에 맞는 새로운 패러다임 전환의 기회로 삼아야 할 것이다.

부동산이 안정되는 날까지

최근 부동산 시장 불안에 대한 국민들의 걱정이 적지 않습니다. 참으로 송구스럽고 마음이 무겁습니다.

부동산은 경제와 민생의 핵심입니다. 집값이 오르면 성실하게 살아온 사람들의 희망이 뿌리째 흔들립니다. 나아가 기업 경쟁력을 떨어뜨리고, 거품이 꺼졌을 때 우리 경제에 엄청난 충격을 주게 됩니다. 어떤 일이 있어도 부동산 값은 안정되어야 합니다.

정부 역시 최대의 경각심을 가지고 상황을 면밀하게 파악하고 있습니다. 분명한 원칙과 책임 있는 대안을 가지고 문제해결을 위해 역량을 집중하고 있습니다.

이런 때일수록 정부의 정책기조와 방향이 시장과 국민들에게 정확하게 전달되는 것이 중요합니다. 이를 위해 최근 정부의 부동산 정책 방향에 대해 분명하게 밝히고, 이와 관련된 몇 가지 오해를 바로잡으려 합니다.

첫째, 이미 수립된 투기억제 제도는 한 치의 흔들림 없이 시행될 것입니다. 정부는 올 하반기와 내년 초부터 본격 시행되는 이 제도가 시장에서 확고하게 뿌리내릴 때까지 치밀하게 관리해나갈 것입니다.

2006. 11. 16. 《청와대브리핑》

정부는 세제 정상화, 실거래가 등기부 기재 등 현재 수립된 투기억제 대책이 반드시 효과를 발휘할 것이라고 확신하고 있습니다. 이전의 대책과는 분명히 다릅니다. 이 제도가 본격 시행되면 앞으로는 비정상적인 투기 소득은 얻을 수도 없고 숨길 수도 없습니다. 제도를 무시하고 거짓으로 신고하면 반드시 재산상의 손실을 입게 되어 있습니다. 금융실명제에 버금가는 획기적인 조치입니다.

일부에서는 이 제도의 후퇴와 변화를 말하기도 합니다. 그러나 이 제도는 가다가 주저앉지 않습니다. 참여정부 이후에도 바꿀 수가 없습니다. 온 국민의 이해관계가 걸린 부동산 정책이 또다시 투기에 유리한 방향으로 후퇴하는 것은 국민이 용납하지 않을 것이기 때문입니다.

둘째, 실수요자를 위한 공급확대 계획은 부족한 점을 최대한 보완해 더욱 강력하게 추진해나갈 방침입니다. 최근 발표한 정부의 공급확대 계획의 초점은 무주택 실수요자들이 '더 싼 가격에 더 빨리' 공급 혜택을 누리도록 하는 것입니다.

앞으로도 이 방향으로 적극적인 추가 대응을 해나갈 것입니다. 특히 분양가를 낮추고 무주택 실수요자 중심으로 공급이 이루어질 수 있도록 분양방식과 제도를 종합적으로 개선할 것입니다. 또한 주택공사 등 공공부문이 주택시장 안정에 실질적이고 주도적 역할을 할 수 있도록 근본적인 대책을 준비하고 있습니다.

일부에서는 투기억제 중심에서 공급 중심으로 정책기조가 전환되는 것 아니냐는 해석이 있는데, 이는 잘못된 해석입니다. 정부는 지난해 8·31대책 발표 이후 '투기억제와 공급확대'라는 두 축을 중심으로 일관되게 공급확대 정책을 추진해왔습니다.

그러나 추진과정에 많은 시간이 필요했고 부족한 점도 있었습니다. 이를 최대한 보완해 더욱 강력하고 효과적인 공급정책을 추진해나가려는 것입니다. 정확하게 표현하면 정책기조의 '전환'이 아니라, 정책기조를 '보완·강화'하는 것입니다.

강남 재건축 규제 강화 등을 근거로 그동안 정부가 공급확대에 부정적이었다고 주장하나 이는 사실이 아닙니다. 정부의 일관된 방침은 투기수요를 자극하는 공급은 확실하게 묶되, 실수요자를 위한 공급은 최대한 확대한다는 것입니다. 앞으로도 공급확대 정책을 강화하는 것이 정부 방침이지만, 투기수요를 충족시키는 공급이 되지 않도록 분명히 선을 긋는다는 기조에는 변함이 없습니다.

셋째, 부동산 정책은 대통령과 청와대가 확고하게 중심을 잡고 일관되게 추진해나갈 것입니다. 일부에서는 부동산 정책 추진 주체가 청와대에서 재정경제부로 바뀌었다는 해석이 나오기도 합니다. 이 주장은 대통령과 청와대는 부동산 문제에서 손을 떼고 재경부가 실무적으로 관리해나갈 것이다, 결국 대통령과 정부의 정책 추진 의지가 약화되는 것 아니냐는 잘못된 해석으로 이어집니다.

그러나 대통령과 청와대는 재경부와 건교부 등 유관 부처와 함께 부동산 문제해결을 위해 끝까지 책임을 다할 것입니다. 15일에 발표된 대책 역시 대통령 주재 관계장관회의를 수차례 열어 기조와 방향을 결정한 것입니다.

달라진 것이 있다면, 과거에는 청와대 내에 태스크포스(TF)팀을 구성해 부처 간 실무 조율을 담당했으나, 이번에는 재경부에 TF팀을 구성했다는 점입니다. 대통령 주재 회의에서 정해진 공급확대, 분양가 인하 등 대책의 세부 내용을 조율하기 위한 실무적 필요 때문에 그렇게 했을 뿐, 다른 의미로 확대해석할 여지가 없는 사안입니다.

덧붙여, 최근 건교부장관과 청와대 경제보좌관, 홍보수석 등이 물러나는 것을 놓고 정책실패의 책임을 물어 경질한 것이다, 그래서 기존 부동산 정책기조는 바뀌는 게 불가피하다는 식의 해석이 있습니다.

분명한 점은, 부동산 정책의 근간인 8·31대책은 실패한 정책이 아니라는 것입니다. 이제야 시장에서 본격 가동되기 시작해 아직 성공할 기회를 갖지 못했을 뿐입니다.

정부의 공급 대책에 부족한 점이 있었고, 최근의 상황 관리에 미흡했던 대목이 있었던 것은 사실입니다. 그러나 이러한 상황은 기존 정책기조의 전환이나 포기가 아니라 좀 더 적극적이고 치밀한 추진을 주문하고 있습니다.

이번에 물러나는 인사들은, 정책기조의 옳고 그름을 떠나 시장의 동요와 실수요자들의 불안이 높아지고 있는 전반적인 상황에 대해 종합적인 책임을 느끼고 사의를 표한 것입니다. 인사권자가 이들의 사의를 받아들인 것도, 소모적인 책임 논란보다는 문제해결을 위한 적극적인 국정운영이 중요했기 때문입니다.

정부는 부동산 안정에 대한 국민들의 여망에도 불구하고 아직까지 만족할 만한 성과를 내놓지 못한 점에 대해 책임을 느끼고 있습니다. 그러나 상황이 좋지 않다고 해서 무조건 기존의 모든 정책을 포기하는 것은 국정을 책임진 정부가 할 일이 아닙니다.

어떠한 상황에서도 정부는 중심을 잃지 말아야 할 책임이 있습니다. 좀 더 적극적인 정책대응으로 부동산 문제의 물꼬를 틀 수 있는 시간은 아직 충분히 남아 있습니다. 정부는 미흡한 것과 부족한 것이 무엇인지 정확하게 진단해서 부동산 문제의 근본적 해결을 위해 더욱 적극적이고 책임 있게 대응해나갈 것입니다.

모든 정책이 그렇지만 특히 부동산 정책은 시간이 필요합니다. 결국 부동산 값은 잡힙니다. 모든 정책수단을 동원해 반드시 안정시킬 것입니다. 국민 여러분께서 정부를 믿고 힘을 모아주시면 그 시간은 더욱 앞당겨질 것입니다.

세계의 연결을 가리키다

2차 세계대전 이후 세계 질서를 주도해온 개방적 자유주의 시대가 저물고 자국 중심의 폐쇄적 신고립주의가 우려되는 상황이다. [⋯] 생각할 수도 없던 것들이 현실이 되는 글로벌의 불확실성 시대 속에서 우리의 선택은 무엇인지 정부와 우리 국민은 진지하게 고민해야 한다. [⋯] 모든 개방이 성공을 보장할 수 없지만 개방 없이는 성공할 수 없다는 역사적 교훈을 생각하면서.

국제금융 대변화의 틈바구니에서

지난달 29일 미국의 양적 완화 중단 선언이 있은 이틀 뒤 일본의 대규모 양적 완화 확대 발표가 있었다. "이건 스텔스 공격이다." 흡사 전쟁 때 최첨단 스텔스 전투기가 상대국의 레이더 방어망을 무력화한 뒤 일방적 공격을 가하는 것과 같다는, 한 외국 전문가의 말이다.

최근 선진 경제대국들이 외환시장에 직접 개입해 환율을 변동시키는 전통적인 방법보다 대규모 양적 완화를 통해 자국의 경제회복을 위해 수출 증대에 유리한 환율로 유도하는 통화정책을 비판한 것이다. 지난 6년 동안 미국 연방준비제도(이하 '연준')의 3차에 걸친 양적 완화로 인해 4조 달러 이상이 풀렸다. 연준의 양적 완화 정책은 일단 성공적인 것으로 평가된다. 정책목표로 내걸었던 실업률은 2009년 9.6퍼센트에서 지난달 5.9퍼센트로 하락했다.

GDP 증가율도 지난 2/4분기에 연 4.6퍼센트라는 예상 밖의 높은 성장률을 보였다. 1차 양적 완화를 시작할 당시 8백에도 못 미쳤던 스탠더드앤드푸어스(S&P)500지수는 2천 선 안팎을 오르내리고 있다. 일본의 양적 완화 확대 발표 후 세계 외환시장은 크게 동요하고 있다. 일본 정부가 예상

2014. 11. 18.《파이낸셜뉴스》

을 깨고 '통 큰' 양적 완화 카드를 꺼내 든 것이다. 현재 60~70조 엔 규모의 국채매입을 80조 엔까지 확대했다. 일본 경제는 지난 4월 소비세를 5퍼센트에서 8퍼센트로 인상한 이후 급격히 위축되는 모습이다. 최근 유가하락으로 아베노믹스의 최대 목표인 디플레이션 탈피가 어려워져 추가 양적 완화가 필요했다는 일본 정부의 설명이다.

유럽중앙은행(ECB)도 일본형 장기침체를 우려해 1조 유로(1,450조 원) 규모의 양적 완화를 곧 실시할 것으로 보이며 중국인민은행도 이미 시중은행들에 단기 유동성 지원을 확대하고 있다. 바야흐로 본격적인 세계 통화전쟁이 벌어지는 양상을 띠고 있다.

경제상황에 따라 각기 다른 행보를 보이는 선진국들 틈바구니에 낀 신흥국들은 어느 장단에 맞춰야 할지 혼란스럽다. 한국도 예외가 아니다. 내년에 예상되는 미국 금리인상에 따른 자본유출 가능성에 대비하고, 엔저円低로 인한 수출피해를 최소화할 수 있는 적정 환율 수준 유지가 결코 쉽지 않다. 달러 강세, 엔화·유로화 약세 가속화가 전망된다. 한 연구 결과에 따르면 원/엔 환율이 100엔당 950원으로 내려가면 수출이 4.2퍼센트 감소하고 900원까지 내려가면 8.8퍼센트나 급감할 것으로 예상한다. 지금 같은 추세라면 내년에는 800원대 진입도 예상된다.

일각에서는 한국은행도 대폭적인 금리인하와 대규모 양적 완화를 통해 원화가치를 떨어뜨려 적극 대응해야 한다고 주장한다. 현재 연 2퍼센트 수준인 한국의 기준금리는 0퍼센트에 가까운 미국 금리보다 높지만 장기 채권은 미국과의 금리 차가 크지 않다. 원화가 국제통화가 아닌 데다 한국에 대한 리스크 프리미엄을 감안한다면 사실상 미국과의 장기금리 차가 역전된 상황으로도 볼 수 있다.

신흥국에 풀린 달러가 이미 미국으로 회귀하기 시작한 시점에서 큰 폭의 금리인하는 급격한 자본유출을 초래할 수 있고, 우리 경제의 잠재적 불안 요인인 가계부채 관리에 심각한 영향을 가져올 수 있다. 경제 활력을 찾기 위한 점진적 금리인하 수준을 벗어나선 안 된다. 안타깝게도 우리는 미국·유로권 국가·일본·영국·스위스와 같은 국제통화를 발행하는 국가들이 하는 양적 완화 정책을 시행할 수도 없다.

우리 경제의 내부요인이 대규모 자본유출의 빌미가 되지 않도록 최적의 통화, 외환정책 조합이 중요하며 외국 투자자들의 신뢰를 잃지 않도록 가계부채나 기업부실 등의 단기적 리스크 관리에 최선을 다해야 한다. 그러나 근본적으로 중요한 것은 앞으로 우리 경제의 대외환경 변화에 대한 노출을 줄이기 위해 내수확대 서비스산업 육성 등 장기 구조개혁과제 추진에 속도와 성과를 내는 것이다. 국회에 계류 중인 서비스산업발전법을 비롯한 경제 관련 중요 법안이 조속히 처리돼야 하는 이유이기도 하다.

슈퍼달러와 엔저, 기회로 만들자

최근 들어 우리 경제에 가장 결정적 영향을 주고 있는 대외 리스크 요인은 '슈퍼달러와 엔저'라 할 수 있다. 미국 연준의 양적 완화 정책이 이달로 끝나고 내년 중반부터 금리인상이 시작될 것으로 전망됨에 따라 달러화의 가치가 초강세를 띠고 있다. 엔/달러 환율이 3개월 전만 해도 100엔 남짓했던 것이 최근 110엔 가까이 급등했다. 미국 경제는 경기부양책, 제조업 부활정책 성공과 셰일가스혁명 등으로 살아나고 있고 그 자신감을 바탕으로 미국은 통화정책을 전환하고 있다.

반면 다른 선진국들은 여전히 침체상태에서 벗어나지 못하고 있다. 유럽연합과 일본은 양적 완화의 중단이 가져올 수 있는 경기위축을 우려해 돈 푸는 정책을 계속할 전망이다. 유럽중앙은행은 역대 최저금리로 통화팽창을 유지하고 있으며 일본은 장기불황에서 벗어나기 위해 의도적인 엔저를 추진하고 있다. 신흥국 채권과 주식, 단기 금융시장에 투자된 미국 등 선진국의 자금이 2008년 4조 달러에서 최근 8조 달러까지 급증했으나 이자율이 낮은 달러 자금을 빌려 신흥국 자산에 투자하는 캐리 트레이드의 흐름이 달러 강세와 함께 미국으로 역류하기 시작했다.

2014. 10. 16.《파이낸셜뉴스》

미국이 금리를 인상하더라도 외환보유액, 경상수지 흑자, 견조한 재정건전성 등 우리 경제의 펀더멘털이 다른 신흥국가와는 달라 큰 영향은 없겠으나 차제에 우리의 자본 유·출입 제도를 점검·보완하는 기회로 삼아야 한다. 달러 강세는 수출기업 입장에서 볼 때 가격 경쟁력이 높아진다는 긍정적인 측면도 있다. 우리 경제에 보다 직접적인 위험 요인은 엔저라 할 수 있다. 원/엔 환율은 최근 100엔당 950원대까지 떨어진 바 있어 2011년 10월 사상 최고치였던 1561원과 비교하면 600원 이상 내렸다. 글로벌 은행 상당수가 내년에는 원/엔 환율이 800원대로 떨어질 것으로 전망한다. 엔화에 대한 원화가치가 상승할 때마다 어김없이 금융위기가 찾아왔다. 수출기업들이 큰 타격을 입고 경상수지 또한 하락세를 보였다.

정부는 엔저에 대응할 수 있는 뚜렷한 방법이 없다. 원/엔 환율은 한국 원화와 일본 엔화가 직접 시장에서 거래되면서 결정되지 않고 엔/달러 환율과 원/달러 환율을 통해 간접적으로 계산되는 '재정 환율'이기 때문이다. 이제는 과거와 다르게 엔저 가치의 하락에 대해 우리 경제가 적극적으로 대응하는 '역발상 전략'이 필요하다고 본다.

현재 우리나라 경상수지 흑자 규모는 GDP의 5~6퍼센트에 달해 외환보유액이 급격하게 늘면서 미국과 IMF 등으로부터 원화가치를 높여야 한다는 압박을 받고 있다. 엔저를 이용한 설비투자 확대는 국내에서 외화가 빠져나감에 따라 원화가치 상승압력을 완화시킬 수 있다. 엔저로 일본 기계 설비의 가격이 내리는 만큼 이를 우리 기업의 설비투자 확대 기회로 삼아 내수경기 활성화로 연결해야 한다. 설비투자 증가율은 지난 8월 -10.6퍼센트를 기록하여, 2003년 1월 -16.1퍼센트 이후 11년 7개월 만에 최저수준을 보였다. 설비투자 확대는 잠재성장률을 높이는 좋은 방안이다.

이제는 엔저에 대해 정부가 보다 적극적인 국제금융외교를 펼쳐야 한다. 이웃 나라를 어렵게 만드는 전형적인 '근린 궁핍화' 정책인 아베노믹스가 미국의 양해를 얻고 진행되는 반면에 우리나라는 환율과 관련해 미국 재무부 보고서에 단골로 등장하고 있는 형편이다.

이제는 IMF, 주요 20개국(G20) 등을 통해 일본의 지나친 엔저를 국제적으로 견제할 필요가 있겠다. 우리 경제는 과거에 엔저 충격이 있을 때마다 잘 적응했고 외환위기도 극복한 바 있다. 최근 불어닥친 슈퍼달러와 엔저라는 대외 리스크를 정부와 경제계가 함께 노력해 오히려 기회로 삼는다면 우리 경제의 경쟁력을 한 단계 제고시킬 계기가 될 것이다.

원화의 국제화

　우리 국민은 해외로 나갈 때 은행에서 원화를 달러나 그 나라의 화폐로 바꿔 나간다. 기업들이 외국과 상품거래를 할 때도 대부분 미국 달러를 사용한다. 이처럼 우리 원화가 해외에서 국제적으로 직접 통용되지 못하는 것은 '원화의 국제화'가 안 됐기 때문이다.

　최근 우리는 통화스와프 협정을 호주(45억 달러), 인도네시아(100억 달러), 아랍에미리트(54억 달러), 말레이시아(47억 달러)와 맺었다. 2008년 중국과 체결한 560억 달러의 통화스와프 협정을 포함해 현재 5개국, 1290억 달러 규모다.

　과거의 통화스와프 협정이 위기에 대비한 달러 확보가 목적이었던 데 비해 최근의 통화스와프는 자국통화로 서로 교환하는 방식을 통해 무역결제 기능을 지원하는 데 초점이 맞춰져 있다. 통화스와프로 원화 사용을 확대하는 것이다.

　우리나라가 자본시장을 개방한 지도 20년이 지났다. 그러나 그간의 꾸준한 시장개방과 외환 및 자본자유화 추진 노력에도 불구하고 원화의 국제화 정도는 미약하다. 한 연구에 따르면 미국 달러 국제화 수준을 100으

2015. 1. 20. 《파이낸셜뉴스》

로 할 때 일본 엔은 47, 중국 위안은 35, 한국 원화는 24로 평가했다. 한·중·일 3개국 중 가장 낮다.

한국은 한 해 수출입 1조 달러를 넘는 세계 8위 무역대국이지만 수출입 거래에서 원화로 결제되는 비중은 3퍼센트 미만으로 무역대금 결제에 막대한 거래비용을 부담하고 있다. 원화 결제가 확대된다면 환리스크 축소와 더불어 거래비용이 크게 줄어들 것이 당연하다.

한 나라의 통화가 국제화되면 해외 은행들은 해당국의 통화 예금업무를 취급하며 외국인은 그 돈을 자유롭게 빌리고 투자할 수 있게 된다. 기본적으로 화폐가 갖는 계산단위, 교환수단 및 가치저장 기능이 해외로 확대되는 셈이다. 현재는 달러·유로·엔을 비롯해 호주달러·캐나다달러·싱가포르달러 등이 이 지위를 누리고 있다.

우리보다 경제 규모가 작은 캐나다·호주·싱가포르 등도 국제통화를 가지는데 왜 우리나라는 가지지 못하나 하는 의문이 들 것이다. 국제통화를 위한 기본요건인 경제, 무역규모, 금융시장의 성숙도, 통화가치의 안정성 면에서 한국이 충분한 국제적 신뢰를 얻지 못하는 데서 근본 원인을 찾을 수 있다. 일부에선 원화가 국제화될 때 발생할 수 있는 투기적 공격, 환율 변동성 확대와 이로 인해 초래될 수 있는 외환위기를 우려한 정부의 소극적 자세를 지적하기도 한다.

원화의 국제화를 추진하기 위해 먼저 원화의 리디노미네이션(거래단위 변경)부터 선행돼야 한다. 우리보다 경제 규모가 작은 말레이시아 통화가 달러와 한 자릿수(3.5 내외) 환율이고, 규모는 크나 경제발전 단계가 뒤진 중국의 통화도 한 자릿수(6.2 내외) 환율인 데 비해 원화는 네 자릿수 환율이다. 많은 국민은 이 사실에 당혹감을 느낀다.

과거 이탈리아 통화 리라가 1달러에 2천 리라, 터키 통화 리라가 1달러에 1백만 리라였던 적이 있었다. 이탈리아 리라는 유로화가 되면서 소멸됐고 터키 리라는 2009년 0을 여섯 개 지우는 리디노미네이션을 실시해 한 자릿수 환율이 됐다. 지금은 OECD 국가 중 유일하게 한국만 네 자릿수 환율을 유지하고 있다. 2004년 원화의 리디노미네이션이 거론된 적도 있었으나 당시 경제에 미칠 부정적 요인, 특히 물가상승을 우려해 논의가 중단된 바 있다.

최근의 우리 경제는 디플레이션을 걱정할 정도로 물가가 안정돼 있다. 지금이야말로 원화의 국제화 추진에 앞서 선행돼야 할 원화의 리디노미네이션을 적극적으로 검토할 시기다. 1997년 미증유의 외환위기와 2008년 글로벌 금융위기를 극복하는 과정에서 우리가 쌓아온 정책적 경험을 잘 활용한다면 원화의 국제화 추진에 따른 어려움은 충분히 극복해낼 수 있으리라 본다.

미국 우선주의에 대응하기

미국 우선주의에서 출발하고 있는 도널드 트럼프 미국 대통령 정부는 TPP 탈퇴, 북미자유무역협정(NAFTA) 재협상 선언 등 지난 70여 년간 유지돼왔던 세계시장 질서의 근간을 흔들고 있다. 미국 정부는 중국과 일본은 환율 평가절하를 통해 세계시장을 농락해왔고, 독일은 극도로 저평가된 유로화를 통해 미국은 물론 유럽연합 회원국들을 착취하고 있다며 비난했다. 국제금융가는 '트럼프 환율 리스트'의 다음 경고 후보국으로 한국, 캐나다, 멕시코를 꼽고 있다. 이들 국가는 미국의 큰 교역 상대국으로 특히 한국은 원화가 6퍼센트나 저평가돼 있어 위험 가능성을 크게 보고 있다.

2015년 제정된 미국 교역촉진법의 환율조작국 지정 기준은 연간 대미 무역수지 흑자 2백억 달러 초과, 경상수지 흑자 규모 GDP 대비 3퍼센트 초과, 순매수 달러 규모 GDP 대비 2퍼센트 초과(반복적 외환개입)로 규정하고 있는데 한국은 지난해 10월로 무역수지, 경상수지 요건을 충족해 중국·일본·독일·대만·스위스 등과 함께 환율 관찰대상국으로 분류된 바 있다.

트럼프 정부 환율정책에 대한 우리 정부의 적극적 대응이 필요하다. 당면과제로는 올 4월로 예정된 미국 재무부의 환율조작국 지정을 피하는 일

2017. 2. 14. 《파이낸셜뉴스》

이고 중장기적으로는 대미흑자 감축 강구와 대외수출 중심에서 내수 중심 산업으로 전환하는 일이다.

중국은 2014년 6월 말 4조 달러였던 외환보유액을 최근 3조 달러 이하로 감소시키는 등 위안화 절상을 하며 미국 공세에 대비해오고 있다. 독일도 총리가 직접 나서 유럽중앙은행의 독립성을 강조하는 등 외환시장 개입을 강력하게 부정하고 있고, 일본은 미국과의 정상회담 등 친외교를 통해 자국의 입장을 적극 설명하고 있다. 자칫 잘못하다가는 한국이 환율조작국의 시범케이스가 되지 않을까 우려가 커지는 상황이다.

한국의 경상수지 대비 대미흑자 비율은 7.9퍼센트로 다른 환율감시국가인 중국 2.4퍼센트, 일본 3.7퍼센트, 독일 2.4퍼센트 등과 비교할 때 매우 높은 수준이다. 더구나 미국이 환율조작국을 발표할 4월까지 불안정한 국내 정치상황 탓에 이에 대한 대비가 소홀하지 않을까 불안해지는 데다 최근 정부의 조류인플루엔자(AI), 구제역 대응의 허점을 보면서 정책대응 능력을 더 걱정하지 않을 수 없다.

따라서 미국의 환율조작국 지정을 피해가기 위한 정부 차원의 총력 대응체제로 태스크포스를 시급히 구성하고 외교 및 통상채널을 최대한 동원하는 총력전을 펼쳐야 한다.

각 담당부처는 이에 대응할 논리를 개발할 수 있다. 미국 국제무역위원회(ITC)가 2015년 283억 달러에 대한 무역적자가 한·미 FTA가 없었다면 440억 달러에 달했을 것으로 분석한 만큼 미국도 한·미 FTA의 수혜자임을 인정해야 하고(산업부), 연간 70억 달러 이상으로 추정되는 미국산 군수품을 한국이 구입하고 있으며(국방부), 트럼프 정부가 추진하는 1조 달러대 인프라 투자에 한국 기업이 참여하고 있다는 사실(국토부)을 들어야 할 뿐 아니라, 한반도의 지정학적 중요성과 한·미 동맹의 필요성을 강조함으로써 (외교부) 트럼프 정부를 설득해야 할 것이다.

환율조작국 지정 대응과 병행해 대미 무역수지 흑자 폭을 줄이는 방안도 강구해야 한다. 가능하면 수입선을 미국으로 돌린다든가 에너지 비축을 위한 대미 수입 확대를 고려할 수 있다. 또한 보다 근본적으로는 우리 경제를 대외의존도가 높은 수출 중심에서 내수가 주도하는 구조로 전환해야 한다. 내수도 제조업에서 서비스산업이 중심이 될 수 있도록 서비스산업의 발전을 가로막는 각종 규제를 과감하게 풀어야 한다. 트럼프 정부의 환율공세를 우리 경제구조 전환의 기회로 활용하는 지혜가 필요한 시점이다.

남의 나라 재정위기, 남 일이 아니다

최근 세계 경제가 보이는 위기는 과거와 다른 양상을 보여준다. 국제금융시장을 불안하게 만드는 최대 불안 요인은 미국과 유럽의 재정위기이다. 지난해부터 시작된 남부 유럽의 그리스·이탈리아 재정위기로 불안하던 국제금융시장은 최근 미국의 '부채증액 한도협상'에 뒤이은 미국의 신용등급 강등 후폭풍, 미국 경제의 더블 딥 우려로 인한 주가 폭락 등 심각한 불안 양상을 보이고 있다. 여기에다 중국이 물가불안으로 긴축정책으로 전환하고 일본 경제도 아직 회복 기미를 보이지 않는 것 역시 세계 경제 전망을 더욱 어둡게 하고 있다.

지난 1930년대 대공황 이후 1백 년 만에 경제위기가 찾아올지 모른다 했던 2008년의 글로벌 금융위기는 미국이 선도한 국제공조로 위기를 벗어날 수 있었다. 당시 위기는 '서브프라임 모기지' 사태로 인한 개인과 금융권의 부실로 촉발된 신용경색이 주된 원인이었다. 문제해결을 위해 미국 정부가 나서서 부실 채권을 사주었다. 우리나라가 1997년 외환위기 당시 공적자금 169조 원을 조성하여 금융권의 부실 채권을 매입하여 붕괴된 금융시스템을 복원시켰던 방식과 유사하다.

2011. 8. 25.《경인일보》

금융위기 이후 두 차례의 양적 완화 정책으로 쏟아부은 돈이 2조 4천억 달러나 되는데도 미국 경제는 좀체 좋아지지 않고 있다. 미국 경제는 지난 해 4분기부터 나빠지는 모습을 보이고 있다. 금년 1분기 경제성장률이 전기대비 0.4퍼센트였는데, 2분기에도 1.3퍼센트밖에 안 되어 금년 성장 전망을 어둡게 하고 있다. 미국 연준이 최근 향후 2년간 금리를 제로 수준으로 유지하겠다고 한 조치도 향후 미국 경제의 전망이 밝지 않다는 것을 방증한다. 8월 6일 스탠더드앤드푸어스가 미국의 장기 신용등급을 현재 최상급인 AAA에서 AA+로 강등 조치하고, 유럽의 재정위기가 고조되자 국제금융시장은 거의 패닉에 빠졌다.

이러한 국제경제의 혼조 앞에서 과연 우리 경제는 위기를 잘 비껴갈 수 있는가가 우리의 관심이다. 지난 1997년 외환위기 이후 우리는 경제위기에 시스템적으로 대응하기 위해 외환보유고·환율·주가를 종합하여 위기단계별 경고 사인을 울리는 '조기경보시스템(Early Warning System)'을 구축하여 상시 운영하고 있고, 지난번 글로벌 금융위기 때도 유용하게 활용한 바 있다. 정부는 외환보유고·단기외채비중·외국인 주식비중 등이 2008년과 크게 달라 위기 가능성이 적다고 한다. 그러나 중요한 것은 이번 위기의 핵심이 과거와 같이 신용경색이나 외화유동성 문제가 아니라 미국·유럽 등 세계중심 경제권의 재정적자라는 데 있다. 기업·금융·가계 부채는 국가가 해결해줄 수 있지만 국가의 재정문제는 해결해줄 주체가 없다.

우리도 글로벌 금융위기에 대처하기 위해 2009년 한 해만도 국민총생산의 3.6퍼센트에 달하는 대규모 재정을 투입한 바 있다. 국가부채가 아직은 30퍼센트 초반에 있다고 하나 공기업 부채까지 감안하면 안심할 수준은 아니다. 건전한 재정을 위해 정부 세입은 늘리고 세출은 최대한 억제해야 하는데 최근의 복지논쟁과 다가올 선거를 생각하면 쉽지 않은 과제다. 눈앞에 닥친 경제위기 방지 차원에서 건전한 재정에 대한 국민적 논의가 필요하다.

외화 유동성 관리와 투기세력의 공격에 대한 단기적인 정책대응도 강화되어야 하고 지난 금융위기 때 미국·중국과의 스와프도 잘 작동되는지 점검해야 한다. 아울러 대외의존도가 높은 우리 경제에 내수비중을 높여 외부충격을 완화하는 것도 위기 예방을 위해 중요하다. 이를 위해 서비스산업 육성, 중소기업 발전, 신성장동력산업 육성 등 우리 경제의 장·단기 과제에 대한 지속적인 노력도 배가되어야 한다. 어려울 때 더욱 멀리 내다보며 일하는 자세가 중요한 이유다. 전 세계가 걱정하는 그리스는 EU의 지원도 받고 관광수입도 많은 나라지만, 우리는 어려우면 스스로 극복해야 하는 입장이라 위기에 대한 자세도 남달라야 한다.

유럽의 경제위기에 대한 생각

요즘 기러기 아빠들이 울상이다. 가족에게 1만 달러 송금하는 데 지난 달보다 거의 60만 원이 더 든다. 코스피 지수도 1천8백 이하로 급락해 투자가들도 우울하다. 이달 들어 우리 주식시장에서 외국인 자금이 3조 원 넘게 빠져나갔고, 이 중 80퍼센트가량이 유럽계 자본으로 추정된다.

5월 6일 프랑스 대선 결선투표와 그리스 총선에서 집권당의 패배는 재정위기 타개를 위해 긴축정책을 펴면서 복지 혜택을 축소한 데 대한 국민의 반발 때문이다. 재정위기 해결을 위한 '신재정협약'에 부정적인 입장인 올랑드 신임 프랑스 대통령의 취임은 그동안 독일 메르켈 총리와 좋은 협력관계를 유지한 사르코지 때와는 사뭇 다르리라는 불안감이 커졌다.

특히 절대 다수당이 없어 연립정부 구성도 실패하고 유로존 탈퇴를 주장하는 좌파 정당이 제2당이 되면서 그리스는 유럽발 불안에 기름을 붓는 격이 되었다. 다음 달 17일에 실시되는 선거 때까지 그리스는 사실상 무정부 상태가 계속된다. 불확실성을 조금이라도 해소시킬 것으로 기대한 지난 23일의 브뤼셀 EU정상회담도 아무 성과 없이 끝났다.

앞으로 그리스가 유로존에 남게 되고 프랑스와 독일이 협력을 강화하게

2012. 5. 31. 《경인일보》

되면 지금의 유럽 위기가 해소될 수 있을까? 근본적인 해결책은 되지 않는다고 본다. 오늘의 위기는 바로 '유로화' 탄생에 태생적으로 잉태되어 있기 때문이다.

1950년대부터 시작된 '하나의 유럽'을 향해 유럽의 정치지도자들은 1992년 정치동맹과 경제동맹을 위한 '마스트리히트' 협약에 합의한다. 이 협약에는 하나의 경제권을 만들기 위한 단일통화 창출과 경제수렴 조건이 포함되어 있다. 경제수렴 조건이란 단일통화정책이 효율적으로 운용될 수 있는 바탕을 마련하기 위해 각 회원국들의 거시경제 운용환경을 동질화하는 것이다.

각국의 물가·장기금리·재정적자·환율이라는 네 가지 거시경제변수에 대해 일정한 목표수준을 설정한 것이다. 재정적자와 정부부채는 각각 경상 GDP의 3퍼센트 이내와 60퍼센트 이내 등이 주요 내용이다. 네 개 기준을 모두 충족한 국가는 룩셈부르크 한 나라였다. 결국 재정기준에 관한 조항을 좀 더 유연하게 해석해 상당수 국가들이 재정적자와 정부부채 기준을 충족시킨 것으로 처리되어 통화 동맹에 합류한다. 이후 1999년에 단일통화인 유로가 탄생하였고 2002년부터는 유로 회원국들의 자국화폐가 폐지(영국 파운드화는 존속)되고 유로만 통용되고 있다.

유럽중앙은행 발족으로 유로존 국가들은 독자적인 금리정책과 환율정책을 펼칠 수 없다. 무역수지에 어려움이 있을 때도 환율정책을 활용할 수 없다. 우리가 환율 덕분에 연간 500억 달러에 달한 무역흑자로 IMF지원을 4년 조기 상환한 것과 다른 상황이다. 그리스, 스페인 등이 유로 출범 후 큰 무역수지 흑자를 즐기고 있는 독일에게 지원을 늘리라고 주장하는 것도 그들 입장에서 이해할 수 있다. 회원국의 특수한 사정보다 경제동맹이라는 유럽의 이상이 앞선 정치가들의 결단으로 출범한 유로체제는 처음부터 많은 문제점을 안고 있다. 독일과 프랑스의 협력 강화, 최근 관심으로 떠오른 그리스의 유로존 유지 정도로는 유럽의 경제위기가 근본적으로 해결될 수 없다. 그리스 이후 포르투갈, 스페인, 이탈리아 등이 또 다른 형태로 위기의 근원지가 될 것이기 때문이다.

　이제는 우리도 유럽 위기를 변수가 아닌 상시적 요인으로 생각하고 정부는 경제운용을, 경제계도 기업전략을 세워야 한다. 정부는 3,100억 달러에 달하는 외환보유고, 단기외채 비중의 감소 등 우리 경제의 펀더멘털을 강조하고 있으나, 4천억 달러 수준의 총외채, 1천조에 달하는 가계부채 등 우리 경제의 불안 요인을 감안하면 안심할 수만은 없다. 정부가 구축하고 있는 조기경보시스템을 잘 가동하면서 국제적인 공조도 한층 강화하여 유비무환의 자세로 외부여건 변화에 신축적으로 대응하여야 한다. 아울러 정부는 우리 경제구조를 외부충격에 취약한 제조업·수출 중심에서 서비스·내수로 전환시키는 정책을 지속적으로 추진해야 한다.

지금부터가 고비

중국 경제에 비상등이 켜졌다. 지난 13일 발표된 중국의 2분기 경제성장률이 7.6퍼센트를 기록해 2009년 2분기 이후 3년 만에 '바오바(保八) 정책(8퍼센트대 경제성장률을 유지한다는 뜻)'이 깨졌다. 세계 경제의 마지막 교두보인 중국마저 흔들리기 시작했다는 적신호이다.

중국은 우리 수출의 4분의 1을 점유하는 핵심 시장이다. 중국 경제가 흔들리면서 한국 수출기업들이 어려움을 겪고 있다. 이미 저성장의 늪에서 허우적거리는 유럽·미국·일본에 이어 중국 경제까지 벽에 부딪치면서 글로벌 경제의 주요 엔진이 동시에 기능 부진에 빠져들게 됐다. 수출 주도의 한국 경제로선 사면초가나 다름없다.

중국 성장의 둔화는 한국의 대중국 수출 경기하강으로 이어져 중국 경제성장률이 1퍼센트포인트 하락하면 한국의 수출증가율은 1.7퍼센트포인트, 경제성장률은 0.4퍼센트포인트 감소한다고 한다. 중국 경제는 1990년대 이후 고성장을 지속해왔고 한국의 대중국 수출 역시 급팽창해왔다.

한국 경제는 지난 2008년의 글로벌 금융위기와 최근의 유럽 재정위기로 촉발된 세계 경제의 어려움 가운데서도 수출에 힘입어 비교적 선전해왔

2012. 7. 26. 《경인일보》

다. 그러나 최근 중국 경제의 경연착 가능성은 유럽·미국·일본 경제의 부진과 함께 우리 경제에 큰 어려움을 줄 것으로 우려된다.

한국은행은 지난 12일 기준금리를 현행 3.25퍼센트에서 3퍼센트로 0.25퍼센트포인트 내렸다. 13개월 만의 기준금리 인하 조치이다. 중국·유럽 등 많은 중앙은행들이 경기부양을 위해 금리를 인하하는 흐름에 동참한 것으로 보이기도 하나 그만큼 우리 경제 전망이 밝지 않다는 증거이기도 하다.

정부도 올해 경제성장률을 3.3퍼센트로 하향 조정했다. 얼마 전 IMF도 우리 정부와 연례 협의를 통해 올해 성장률 전망을 3.5퍼센트에서 3.25퍼센트로 낮춘 바 있으며, 한국은행도 올해는 3.0퍼센트, 내년은 4.2퍼센트에서 3.8퍼센트로 낮추었다.

그런데 올해 한국 경제성장률이 더 내려앉을 수 있다는 전망이 나왔다. 외국계 투자은행(IB)인 뱅크오브아메리카(BOA)는 최악의 경우 한국의 경제성장률이 1.8퍼센트가 될 가능성도 있다고 전망했다. 글로벌 경기침체 가능성이 커지면서 하향 조정될 수 있다는 것이다.

BOA의 전망을 그냥 무시하기에는 무언가 불안한 구석이 있다. 우리 경제의 하방 리스크를 최대 수출대상국인 중국 경제 둔화세에서 찾고 있으며, 중국 경제가 계속 둔화할 수 있다는 것이다. BOA는 미국 경제 역시 올해 하반기에서 내년 상반기 사이 경기침체가 시작될 가능성이 크다는 점도 우리 경제의 하방 리스크에 영향을 줄 것이라고 주장한다.

올해는 10월 중국 지도부 교체, 11월 미국 대선, 12월 한국 대선 등 세계 59개국에서 지도부 교체가 있는 해이다. 한국전쟁 이후 우리 국민에게 가장 큰 고통을 안겨주었던 외환위기도 대선을 치르는 1997년에 발생하였다. 당시 정부가 제출한 금융개혁법이 통과되지 않은 데 실망한 외국자본이 급속히 빠져나가면서 우리 정부는 부득이 IMF에 구제금융을 신청하기에 이른다. 정치가 경제의 발목을 잡은 대표적인 경우이다.

우리 경제는 가계부채, 수출둔화, 부동산 경기침체와 중국·유럽·미국 등 주요 시장 침체로 인한 수출부진이라는 대내외적 불안 요인이 커지고 있다. 많은 경제전문가들은 한국 경제가 지난 외환위기 이후 최대 위기 상황을 맞고 있다고 걱정한다.

지난 주말 정부는 대통령 주재로 경제 활성화를 위한 열 시간의 끝장 토론을 벌였다. 지금은 토론이 아니라 투자·소비를 위한 구체적 실천이 더 중요한 시기이다. 앞으로 5개월 이상 모든 관심이 차기 지도자를 뽑는 대선에 집중될 것이다. 행여 경제가 뒷전에 밀려 지난 외환위기 같은 예상하지 못했던 일이 일어나지 않으리라고 쉽게 장담할 수 없다. 오늘도 세계 경제는 급변하고 있다.

아베노믹스의 불안

1930년 6월 미국 의회는 리드 스무트 상원 재정위원장(공화당)과 윌리스 홀리 하원 세입위원장(공화당)이 제안한 2만여 개 품목에 최고 59퍼센트까지 세율을 부과하는 '스무트-홀리관세법'을 통과시킨다. 당초 불황 속의 농업을 구제하기 위한 농산물 관세 인상이 주목적이었던 것을 산업계의 강한 요구로 공산품까지 포함시키게 된 것이다.

당대 경제학자인 어빙 피셔, 산업계 거두 헨리 포드 등 각계 저명인사들이 중심이 돼 대통령 거부권 행사를 요청했으나 보수성향의 공화당 출신 허버트 후버 대통령은 그 법안을 수용한다. 이어 스무트-홀리관세법에 대항하기 위해 영국, 프랑스 등 유럽 국가들도 잇따라 경쟁적으로 수입관세를 높이게 된다. 그 영향으로 1934년까지 세계 무역규모는 66퍼센트 감소하고 미국을 비롯한 세계 경제는 더욱 침체 속에 빠져들게 됐다. 자국 경제를 보호하기 위한 정책이 이웃 국가를 가난하게 만드는 근린궁핍화정책(beggar-my-neighbor policy)의 대표적인 사례로 스무트-홀리관세법이 회자되는 이유다.

재집권에 성공한 아베 신조 일본 총리는 소위 아베노믹스로 불리는 경

2013. 6. 13. 《파이낸셜뉴스》

제 회생 정책을 추진하고 있다. 공공투자 확대 등 재정정책은 기존과 크게 다르지 않다. 그런데 눈여겨볼 대목이 바로 통화정책이다. 중앙은행 총재를 바꾸면서까지 디플레이션 탈출을 위해 향후 2년간 물가상승률을 종전의 1퍼센트에서 2퍼센트로 상향하는 통화팽창 정책을 추진하고 있다.

이러한 유동성 공급확대로 주식 가격은 급등하고 침체됐던 부동산 시장도 활기를 띠고 있다. 1달러에 76엔까지 하던 엔이 100엔을 넘어가는 급격한 엔저 현상도 일어나고 있다. 도요타자동차 같은 경우 1엔이 오르면 연 수익이 7백억 엔씩 늘어간다니 한국을 비롯한 신흥 경제권이 긴장할 수밖에 없는 것이다.

지난 4월 워싱턴 G20 재무장관회의에 참석한 현오석 경제부총리는 한국 경제의 걸림돌은 북한 핵보다 엔저 현상이라고 언급했다. 일본의 환율정책이 주변국들에 큰 피해를 주고 있다는 우려를 표명한 것이다. 아베노믹스가 자칫 근린궁핍화정책이 될 수 있음을 지적한 것으로 해석된다. 1930년 초 불황 탈출에 성공했던 대장상 다카하시 고레키요 정책을 벤치마킹한 아베노믹스의 성공·실패에 대한 전망은 사뭇 엇갈린다. 케인시안적인Keynesian 재정정책이 성공했던 20세기 다카하시 시대의 방식을 오늘날에 적용하기에는 경제여건이 너무 크게 변했기 때문이다.

최근 양적 완화 출구 가능성을 언급한 벤 버냉키 미국 연방준비제도이사회 의장의 발언으로 벌써 일본 주가가 급락하고 국채 금리가 급등하는 등 일본 금융시장에 큰 충격이 가해진 후 아베노믹스의 장래에 대해 회의적인 기류가 더 커지고 있다.

근본적인 구조 문제해결에 힘쓰기보다 돈을 풀어 경제 활성화를 도모하고자 하는 아베노믹스는 장차 인플레이션 아래 경기침체의 가능성을 불러

올 수 있고, 과거 근린궁핍화정책 사례와 같이 그 부작용이 오히려 일본에 부메랑으로 돌아올 수 있다고 우려하는 전문가도 있다.

세계는 1백 년 만에 한 번 오는 대공황에 빠질지 모른다는 2008년 글로벌 금융위기를 G20을 중심으로 한 국제공조 강화로 극복할 수 있었다. 오늘의 세계 경제는 상호 긴밀히 연계돼 있어 자국 중심만의 경제정책은 지속적인 성공을 보장할 수 없다. 아베노믹스의 일본 지도자들이 깊이 고민해야 할 대목이다.

미국의 셧다운, 디폴트의 의미

의회가 협상 시한 최종 순간에 임시 예산안과 잠정적인 부채증액 방안에 합의함으로써 미 정부는 채무불이행(디폴트)이라는 최악의 상황을 면하게 됐다. '오바마 케어(건강보험 개혁법)' 실시를 둘러싼 민주당과 공화당의 극심한 의견 차 때문에 2014년 회계연도(2013년 10월 1일~2014년 9월 30일) 예산안을 기한 내 처리하지 못해 미 연방정부는 지난 9월 30일 밤 12시를 기해 셧다운(부분폐쇄)된 바 있다. 연방정부가 폐쇄되면 국방·치안·항공 업무 등 국가 안위에 관련되거나 우편업무처럼 국민생활을 위해 꼭 필요한 최소한의 기능을 제외하고는 모든 연방정부 활동이 중단된다.

오바마 케어가 뭐길래 연방정부 폐쇄 사태로까지 이어지게 됐나? 오바마 대통령이 취임 이후 가장 역점을 두고 있는 건강보험 개혁안은 개인과 기업의 건강보험 가입을 의무화한다는 게 골자다. 1965년 노인건강보험인 메디케어를 도입한 이래 가장 중요한 복지정책이다. 미국은 36개 OECD 국가 가운데 가장 많은 의료비를 지출하면서도 전체 인구의 15퍼센트인 4천 8백만 명 정도가 무보험 상태로 노출돼 있다. 이런 상황을 두고 노벨 경제학상 수상자인 폴 크루그먼은 미국의 진보세력이 꼭 이뤄야 할 최우선 정

2013. 10. 17. 《파이낸셜뉴스》

책으로 건강보험 개혁을 꼽은 바 있다.

그러나 공화당은 오바마 의료개혁이 기업과 개인의 자유를 침해하고 재정 부담을 크게 늘린다는 이유로 반대하고 있다. 미국의 진보·보수진영 간의 '복지와 시장'이라는 이념 문제로 확대된 양상이다. 과거 클린턴 대통령 때도 특별위원회까지 두면서 건강보험개혁을 추진했으나 성공하지 못했다. 당시 추진위원장이 차기 민주당 대선후보로 거론되는 힐러리 클린턴이었다.

미 연방정부 폐쇄는 1976년 포드 대통령 이래 이번이 열여덟 번째다. 과거에는 예산증액이나 정부지출로 예산안을 통과시키지 못한 것이 원인이었는데 이번에는 민주·공화당이 그동안 첨예하게 대립해온 오바마 케어가 문제였다.

공화당은 2010년 3월 오바마 케어 법안 통과를 지켜볼 수밖에 없었으나 올해는 하원 다수당의 힘으로 2014년 예산안에 건강보험 확대 사업을 포함시키지 않고 상원에 보낸 것이다. 이에 민주당이 지배하는 상원은 이를 포함한 예산안을 의결해 하원으로 다시 보냈고 하원이 상원안을 거부하면서 서로 탁구처럼 받아치는 정치게임이 됐다. 내년 선거를 앞두고 공화당의 정체성을 주장하는 티파티 의원 등의 강경파에 공화당 출신 존 베이너 하원의장이 동조하고 있어 앞으로도 오바마 케어를 축소·폐지하라는 공화당의 공세는 계속될 것으로 보인다.

이번 셧다운은 미국 정부가 디폴트 문제를 눈앞에 두고 있어 더욱 심각했다. 2년 전 미국 의회는 정부의 부채상한을 16조 7천억 달러로 제한했다. 지난 5월 중순 부채 규모는 한도에 이르렀고 이달 17일로 재무부의 현금 잔고가 바닥날 것으로 전망됐다. 미국 정부가 지급불능을 맞게 되는 초유의 디폴트 사태가 되는 것이다. 디폴트는 미국이 발행한 국채에 대한 이자가 지급되지 않고 기축통화 역할을 하고 있는 달러 신인도가 급격히 저하되는 등 셧다운과는 다른 차원으로 세계 경제에 큰 파장을 가져오게 된다.

미국 국채를 1조 3천억 달러나 보유한 중국은 그동안 디폴트를 방지하라고 요구해왔으며 일본은 달러화 하락으로 엔화가 고평가돼 아베노믹스 추진에 악영향이 올까 두려워하고 있다. IMF도 미국 정부의 디폴트는 금융위기보다 더 큰 재앙이 될 것이라고 경고하고 있으며 이미 미국 단기국채 금리가 폭등하는 등 시장 공포가 확산되고 있다.

우리를 비롯한 신흥국 경제에도 막대한 타격이 우려된다. 세계가 워싱턴 정치 리스크에 큰 걱정을 하고 있는 이유다. 그동안 셧다운을 놓고 치킨게임을 벌이던 오바마와 공화당이 셧다운 해소를 위한 협상을 재개해 미봉책에 불과한 합의를 한 것도 디폴트가 가져올 파장의 책임에서 결코 자유로울 수 없다는 데 그 배경이 있는 것이다.

워싱턴발 정치 리스크와 달러의 위상

지난 10월 16일 사상 초유의 미국 디폴트(채무불이행) 시한을 24시간 남겨놓고 미국 CBS방송사는 상·하 양원, 백악관의 협상 동정을 숨 가쁘게 전하며 미국 국채 최대보유국인 중국의 시각을 베이징 특파원을 통해 함께 보도했다. 중국의 한 관영매체에 미국을 상징적으로 묘사한 엉클 샘이 거지가 돼 구걸하고 생명연장장치에 매달려 있는 등 미국의 정치적 리스크가 몰고 올 상황을 풍자한 만화도 내보냈다.

또 중국 상무부 고위관리의 말을 인용해 '미 국회의사당의 신사들은 자신들이 벌이고 있는 바보 같은 행동(monkey business)이 미국의 국제적인 명성과 이미지를 얼마나 추락시키고 있는지 신경을 쓰지 않고 있는 것 같은데, 미국이 디폴트 상황을 맞게 된다면 중국은 미국 국채매입을 축소할 것'이라고 전했다. 미국 국채 1조 3천억 달러를 보유한 최대 투자자로서 세계 기축통화인 달러 가치 하락에 따를 피해를 우려하는 중국의 입장을 나타낸 것이라 하겠다.

미봉책이지만 민주당과 공화당의 협상으로 미국은 정부 폐쇄와 디폴트 위기에서 일단 벗어났다. 내년 1월 15일까지 연방예산의 집행을 허용하고

2013. 11. 4. 《파이낸셜뉴스》

2월 7일까지 연방부채 상한 적용을 유예하면서 올해 12월 13일까지 예산과 세제대책 방안을 마련하기로 했다. 미국은 17년 만에 벌어진 연방정부 폐쇄로 20억 달러 이상의 경제적 피해를 본 것으로 추산되고 3/4분기 경제성장률이 0.5퍼센트포인트는 줄어들 것으로 보인다. 그러나 이번 사태로 초래된 단기적·경제적 손실보다 더 중요한 것은 기축통화로서 달러 위상의 추락이다.

2차 세계대전이 끝날 무렵인 1944년 새로운 국제통화질서의 확립을 위해 미국 브레턴우즈에서 44개국 대표들이 모인 가운데 IMF가 창설됐는데 이와 함께 출범한 새로운 국제 통화제도를 '브레턴우즈 체제'라고 한다.

당시 미국과 영국은 기축통화를 두고 치열한 경쟁을 벌였으나 미국의 승리로 돌아갔다. 2차 세계대전을 통해 커져버린 미국의 힘을 영국이 인정한 것이다. 기축통화로서 미 달러만이 금과의 일정 교환비율을 유지하며 각국의 통화는 달러와의 기준 환율을 설정·유지함을 국제금융의 기본질서로 삼는다는 제도다.

금 31.1그램(1온스)을 미 달러 35달러로 정하는 이러한 브레턴우즈 체제는 1960년대에 이르기까지 환율의 안정을 유지하면서 세계무역 증진에 크게 기여했다. 미국의 누적되는 무역적자, 베트남전 군비조달 등으로 달러 가치가 하락하게 되자 1971년 당시 닉슨 대통령이 '달러 불태환 정책'을 발표해 브레턴우즈 체제의 중대한 변화를 가져오기도 했으나 세계 기축통화로서 미 달러의 역할은 변함없이 지속돼왔다.

미국은 미 달러가 기축통화이기 때문에 큰 혜택을 본다. 막대한 무역적자도 달러 발행으로 메우면 되는 것이고 달러 가치에서 제조비용을 뺀 이익인 시뇨리지(Seigniorage), 즉 발권 차익도 챙긴다. 양적 완화 정책으로 유지되는 저금리로도 큰 혜택을 보는 것이다. 하버드대학 케네스 로고프 교수는 미국 정부와 미국 국민은 낮은 이자율 덕분에 매년 1천억 달러 이상의 이익을 챙기고 있다고 주장한다.

　미국 정치권은 미봉책으로나마 디폴트는 막았지만 본격적인 협상은 이제부터다. 12월 13일까지 장기적 재정적자를 감축할 수 있는 방안을 마련하기로 했는데 협상은 험난할 것으로 예상된다. 공화당 티파티 그룹 중심의 강경 보수 의원들이 예산안 합의에 대한 정치적 대가로서 오바마 케어의 폐지 혹은 일부 조항 연기를 계속 요구하고 있기 때문이다. 워싱턴발 정치 리스크가 기축통화인 미 달러 신인도에 미치는 영향과 국제금융시장에 끼칠 파장 때문에 세계 모든 나라가 촉각을 세우고 자국 경제에 미칠 영향을 따지면서 미국 정치권의 향배를 예의 주시하는 중이다.

한·미 FTA에 대한 트럼프의 오해

지난 8월 초 미국 공화당 대통령 후보 도널드 트럼프는 러스트 벨트 (Rust Belt, 쇠락한 미 중서부 제조업 지역) 유세에서 한·미 FTA는 미국 노동자에게 피해를 준 깨진 약속(Broken promise)이라고 언급했다. 한·미 FTA가 힐러리 클린턴의 국무장관 재임시절 발효된 것임을 부각시키려는 의도이겠으나 당사국인 우리에게는 심각한 문제가 아닐 수 없다.

한·미 FTA는 2006년 6월 협상을 시작으로 2007년 4월 정부 간 타결되어 양국 의회 비준을 거쳐 2012년 3월 15일 발효됐다. 상품·농산물·무역구제·서비스·투자·지식재산권·경쟁·노동·환경 등 무역과 관련된 19개 분야에서 양국 간 이익균형이 이뤄졌다는 양국의 판단 아래 협상이 종결되었다. 공산품, 임·수산물 등 상품 분야는 수입액 기준 94퍼센트에 해당하는 품목관세를 3년 내에 철폐하기로 하고 농산물 분야는 다양한 방식으로 우리 측의 민감성을 반영했다. 미국의 관심 분야인 사업서비스(법률·회계·세무 등), 투자, 지식재산권, 정부조달 등의 분야에서는 한국이 단계적인 개방을 통해 경쟁력을 강화하고 제도를 선진화하는 계기로 받아들였다.

2016. 8. 30. 《파이낸셜뉴스》

트럼프는 자신이 대통령이 되면 반드시 한·미 FTA를 손보겠다고 한다. 그러나 그가 근거로 내세우고 있는 2011~2015년 사이 142억 달러의 대한민국 무역수지적자 확대는 자동차·금속광물·농수산식품 등 대부분 한·미 FTA 비수혜품목의 대미수출 증가에 따른 것이다. 한국은 수혜품목의 경우 2011년 182억 달러에서 2015년에 236억 달러로 54억 달러 흑자를 냈지만, 비수혜품목에서는 385억 달러에서 483억 달러로 98억 달러 흑자를 보였다. 그동안 2.5퍼센트를 유지해오던 자동차의 경우는 관세율이 올해 철폐되었다.

　반면 미국은 수혜품목인 자동차·농수산물·의약품에서 약진하고 있다. 서비스 분야는 2011년 69억 달러에서 2012년 75억 달러, 2013년 103억 달러, 2014년 95억 달러, 2015년에 94억 달러로 큰 흑자를 냈다. 따라서 미국의 대한 무역수지적자는 FTA로 인한 것이 아니라 미국의 경기회복과 한국의 경기둔화에 따른 경기변동적인 무역불균형 현상에서 원인을 찾아야 한다.

　일자리 감소 주장도 사실과 다르다. 한·미 FTA 발효 이후 한국 기업들의 미국 내 투자가 늘어났다. 2009~2011년 연간 평균투자금액 48억 달러에서 2012~2014년 56억 달러로 증가했으며 이로 인한 미국 내 일자리가 3만 7천 개 창출되었다.

　한·미 FTA 협상 시 미국 수석대표 웬디 커틀러 아시아소사이어티정책연구소 소장은 한·미 양국에 큰 혜택을 주는 FTA를 재협상한다는 것은 누가 차기 대통령이 되어도 불가능하다는 주장이다.

　더욱이 외교전문가들은 한·미 FTA는 단순한 경제협정이 아니라 동북아 구조 등 미국의 대아시아 외교정책에 민감하게 맞물린 중요 사안으로 무효화하는 것은 어렵다고 본다.

설사 트럼프가 대통령이 되어 한·미 FTA 폐지를 추진하려 한다 해도 실제로 권한이 있을지 의문이 든다. 미국은 헌법상 FTA 같은 관세 관련 협정체결에 관한 권한을 대통령이 아닌 의회가 갖고 있다. 행정부가 의회로부터 관련 권한을 위임받아 실무협상에 나서고 협상을 마무리 지으면 의회 비준을 거쳐 정식으로 FTA가 체결되는 것이다.

선거 결과는 예단할 수 없다. 1년 전 트럼프가 후보경선을 선언할 때만 해도 누구도 그가 대선후보가 되리라고는 생각지 못했다. 우리 정부는 유비무환의 자세로 대미통상 외교를 강화해 한·미 FTA로 국익에 손상이 오지 않도록 노력해야 한다.

신흥국 경제에서 벗어날 기회

설 연휴 첫날이던 지난달 29일 전 세계는 미국 연방준비제도의 연방공개시장위원회(FOMC)의 결과에 촉각을 세웠다. 지난해부터 시작된 미국의 양적 완화 축소(테이퍼링)의 본격적 추진 여부를 놓고 FOMC의 이번 결정이 자국에 미치게 될 영향 때문이다.

미 연준은 채권매입을 현 수준 750억 달러에서 650억 달러로 줄임으로써 그동안 글로벌 금융위기 극복을 위해 취해왔던 양적 완화 정책을 점차 축소해갈 것이라는 출구전략을 분명히 했다. 지난해 말 매월 850억 달러씩 해오던 채권매입을 1백억 달러 축소한 데 이어 이번 추가 테이퍼링은 향후 국제금융시장에 큰 영향을 미칠 것으로 전망된다. 미국을 비롯한 선진 경제권이 글로벌 금융위기 극복을 위해 풀어낸 돈이 자그마치 5조 달러에 이르고 상당한 규모가 신흥 경제권으로 흘러가 경제 활성화에 기여했다.

채권매입 축소는 채권가격의 하락과 동시에 금리를 상승시킨다. 미국 금리 상승은 신흥국에 흘러갔던 달러가 다시 미국으로 회귀하게 되는 머니무브(Money Move) 현상을 초래하게 된다. 지난해 5월에는 버냉키 의장의

2014. 2. 6. 《파이낸셜뉴스》

테이퍼링 가능성에 대한 언급만으로도 인도네시아, 인도 등 신흥국의 주식시장이 폭락하고 환율이 급등했다. 이 발언 이후인 지난해 6월부터 올해 1월 15일까지 미국 펀드에 243억 달러가 순유입된 반면 이머징펀드에서 846억 달러가 순유출된 것으로 나타나 글로벌 자금의 대이동이 본격화되고 있음을 보여주고 있다.

지난해 말 1백억 달러 규모의 테이퍼링 이후 아르헨티나, 터키, 남아프리카공화국을 비롯한 신흥국의 통화가치가 떨어지고 주가는 하락했다. 이번 2차 테이퍼링 이후 신흥국 자금유출 규모가 더욱 확대될 수 있다는 불안이 증폭되면서 폴란드, 헝가리 등 동유럽 국가 통화가치가 급락하는 양상을 보이는 가운데 타국에의 영향을 고려하지 않는 미국의 '마이웨이식' 테이퍼링에 대한 국제사회의 비난도 커지고 있다.

신흥국에서 나타나는 위기 국면을 보면서 우리는 민감할 수밖에 없다. 더욱이 1997년 우리나라에 외환위기를 몰고 온 원인 중 하나가 당시 앨런 그린스펀 미 연준 의장이 금리를 올림으로써 일어난 미국으로의 빠른 머니 무브 현상이었다는 것은 우리의 쓰라린 기억으로 남아 있다. 영국《파이낸셜타임스》는 최근 경제위기와 관련해 신흥국을 5개 그룹으로 분류해 우리나라를 테이퍼링에 가장 취약하지 않은 국가들 그룹에 포함시키고 필리핀, 멕시코와 함께 미국 경제회복에 따라 수출이 늘어나는 수혜국으로 분류한 바 있다.

상당히 고무적인 소식이다. 우리나라는 3천5백억 달러대의 외환보유액, 외환보유액 대비 단기외채비중 27퍼센트, 지난해 7백억 달러 이상의 경상수지흑자 등 다른 신흥국들의 사정과는 전혀 다른 조건을 지녔다.

그럼에도 국내 금융시장은 신흥국의 위기에 민감하게 반응한다. 차제에 한국 경제가 안고 있는 문제점을 개선해 신흥국 대열로부터 완전히 벗어날 수 있도록 준비해놓아야겠다. 가계부채 등 리스크 요인에 철저히 대비하고 대외환경 변화에 취약한 수출 중심의 구조를 개선하는 과감한 개혁을 추진할 때 다른 신흥국가들과의 차별성은 더 커질 것으로 본다. 15년 전 외환위기 극복을 위해 우리는 금융·기업·노동·공공 등 4대 부문에 있어 뼈를 깎는 구조조정의 아픔을 겪었다. 이로 인해 지난 글로벌 금융위기를 피해갈 수 있었고 오늘의 한국 경제를 받쳐주는 디딤돌이 놓였음을 기억해야 한다.

국제 신용평가사 결정의 영향력

지난 19일 국제 신용평가사 무디스가 한국의 국가신용등급을 역대 최고 수준인 Aa2로 상향 조정했다. 한국은 처음으로 S&P, 피치를 비롯한 세계 3대 국제 신용평가사로부터 모두 Aa2 등급을 유지하게 됐다. Aa2 등급은 21개 등급 중 세 번째 등급으로 미국·독일·캐나다·호주·영국·프랑스 및 한국을 포함한 7개국으로, 한국은 한·중·일 3국 중에서도 가장 높은 국가신용등급을 유지하게 됐다. 무디스는 국가신용등급 상향요인으로 견조한 성장세와 양호한 재정·대외건전성, 구조개혁을 위한 정부의 노력을 들었다. 최근 미국 연방준비제도의 금리인상 발표가 있고 국제투자자들이 신흥 경제권의 투자자금 회수에 따른 검토에 들어가면서 신흥 경제권 대부분이 위기에 놓인 시기라 더욱 그 의미가 크다.

신용 상향평가는 투자자금 회수 순위를 낮추는 효과가 있다. 상승요인으로 국가채무 비중을 거론한 것은 국채 발행을 통한 한국의 채무상환 능력이 기타 신흥 경제권보다 높다는 것을 뜻한다. 일부에서는 이번 신용등급 상향 조치를 놓고 최근의 우리 경제상황이 저성장 기조, 가계부채, 국가채무 등 1997년 외환위기 때의 데자뷔라며 그 의미를 평가절하하지만, 오

2015. 12. 29. 《파이낸셜뉴스》

히려 외환위기 과정에 비춰볼 때 이번 신용평가 상승이 얼마나 우리에게 중요한지를 상기해보지 않을 수 없다. 1997년 1월 태국에서 시작된 외환위기는 필리핀, 인도네시아, 말레이시아를 거쳐 쓰나미처럼 동북아로 향했지만 강한 제조업을 주축으로 하는 한국 경제는 1997년 10월 홍콩 주식 폭락에도 단기채무 상환연장지표가 양호할 만큼 인정받고 있었다.

당시 김영삼 정부는 네 개로 분산된 금융감독기구를 일원화한다는 핵심 내용의 금융개혁법안을 놓고 국회 통과에 전력투구하고 있었고, 해외 투자가들은 이를 한국 정부의 금융개혁 의지로 평가해 냉정히 주시하고 있었다. 그러나 그해 11월 초 금융개혁법안 처리가 무산되는 설마했던 일이 일어났고 관련 재정경제원 관료들은 망연자실하고 말았다. 대선을 코앞에 둔 여당은 금융개혁법안을 찬성하는 후보에게 낙선 운동을 벌이겠다는 금융 노조의 압박에 굴복하고 말았다. 정부의 강한 반대에도 불구하고 여당의 주도로 국회 상임위를 유회시켜 법안 처리를 불발시킴으로써 금융개혁안을 대선 이후로 미뤘던 것이다.

실망한 해외 투자가들의 한국투자자금 회수가 본격적으로 시작되고, 국제 신용평가사들은 한국의 신용등급을 1997년 말까지 7단계나 떨어뜨리며 투자부적격 국가로 낙인찍었다. 결국 한국은 IMF의 구제금융으로 국가부도를 막아낼 수 있었고 국민들은 대선에서 야당 후보의 손을 들어주었으니 집권 여당의 소탐대실은 실로 엄청난 것이었다.

IMF는 구제금융의 대가로서 정책이행과제로 고금리와 긴축재정을 요구했다. 고금리 여파로 1997~98년 2년 동안 4만 개 기업의 도산과 150만 명 이상의 실업자가 발생했다. 오늘날 우리 사회의 심각한 사회 양극화와 소득 불균형의 심화 문제는 이때 잉태된 것이다. 외환위기를 겪은 우리는 국제 신용평가사들의 결정이 국가 경제에 미치는 영향이 얼마나 큰 것인지 상기해야 한다. 박근혜 정부 2기 경제수장, 최경환 경제부총리 정책에 대한 평가는 보는 시각에 따라 다를 수 있지만 국제 신용평가를 역대 최상위로 올려놓은 것은 큰 성과로 봐야 한다.

무디스는 한국이 노동·공공·금융·교육 등 4대 부문의 구조개혁에 성공해야 향후 5년간 경제성장으로 이어갈 수 있다고 지적한다. 다시 말해 구조개혁이 후퇴해 성장동력을 찾지 못한다면 국가신용등급은 다시 떨어질 수 있다는 경고다. 새로 오는 3기 경제팀 수장은 이를 깊이 새겨야 할 것이다.

세계 석유시장의 구조 변화

　석유수출국기구(OPEC)는 1960년 사우디아라비아 등 12개국의 원유가격 하락 방지를 위한 가격 카르텔로 출발했으나 1973년 1차 오일쇼크 이후에는 유가 상승을 위한 생산 카르텔로 변질됐다. 1973년 초 배럴당 2달러 수준이었던 원유가는 1970년대 말 30달러 이상으로 상승하며 세계 질서의 근간을 바꿔놓았다. 오일쇼크 불경기 속의 고물가, 즉 스태그플레이션 현상이 케인스 이론으로 설명이 안 되자 밀턴 프리드먼 등 통화주의자들이 득세하면서 신자유주의가 세계 경제의 주류 사상으로 자리잡기도 했다.

　최근에 다시 석유가 세계 질서를 흔드는 주요 요인으로 등장하고 있다. 지난 10월 28일 OPEC 총회는 사우디가 주도해 당초 감산할 것이라던 예상을 깨고 기존 공급할당량(쿼터)을 준수하기로 결정했다. 미국 셰일오일·가스 공급 확대로 하락하던 유가는 OPEC 총회 이후 급락하고 있다. 서부텍사스산원유(WTI)는 지난 6월 배럴당 107달러에서 최근에 60달러 이하로 떨어지기도 했다. 사우디는 수입 감소를 감수하면서까지 유가를 떨어뜨려 미국 셰일오일·가스 업체를 시장에서 퇴출시키려 하고 있다. 중소

2014. 12. 18. 《파이낸셜뉴스》

기업 중심인 미국 셰일오일·가스 업체의 손익분기점 수준은 배럴당 유가 80~40달러로 추정된다. 사우디는 50달러 이하가 되면 많은 셰일오일·가스 업체가 조업을 중단하리라 예상하고 그 이하까지도 감수하는 것이다. 이같은 사우디의 전략은, 1985년 북해유전 등장으로 유가가 하락하자 공급 확대로 유가를 배럴당 31달러에서 10달러까지 하락시켜 경쟁자들을 굴복시킨 바 있다.

최근의 석유전쟁은 우리나라를 비롯한 비산유국에는 일단 반가운 현상이다. 해외 에너지 의존도가 97퍼센트나 되고 세계 석유소비 8위, 원유수입 5위인 우리로서는 더욱 그렇다. 그러나 오늘의 한국 경제는 유가 하락에 따른 긍정적·부정적 영향이 혼재하기에 과거와 마찬가지로 청신호로만 볼 수도 없다. 항공·물류·해운 운송업계에는 원가 비중이 낮아지는 수혜가 있지만 정유업계에는 실적 악화의 직격탄이 되고 있다. 유가 급락으로 인한 세계경기 위축은 우리 수출에 악영향을 끼친다. 자동차·조선·철강 등 우리의 주력품목이 전체 중동 수출에서 차지하는 비중이 40퍼센트를 넘고 러시아, 베네수엘라, 나이지리아에 대한 수출도 적지 않다.

최근 석유시장 구조 변화 중 우리에게 가장 의미 있는 것은 미국 셰일오일·가스 덕분에 지난 50년 이상 지속돼온 OPEC 중심의 공급독점체제에 균열이 생긴 것이다. 공급카르텔로 초과이익을 누리던 석유시장에 시장원리가 작동하기 시작했다. 앞으로 원유가격은 상방경직성을 보일 수밖에 없다. 만일 사우디가 셰일오일·가스 업체들을 무력화한 뒤 원유가격을 올린다고 해도 셰일오일이 다시 생산되기 때문에 과거와는 다를 것이다. 장기적으로 셰일오일·가스 매장량이 세계 최대인 중국도 셰일오일·가스 생산에 나설 것이다. 최근 시리아, 이슬람국가(IS) 내전 등 중동의 지정학적 변화에도 과거와 달리 원유가격이 상승하지 않은 것이 이를 방증한다. 세계 에너지시장의 패러다임 전환이 왔다.

유가 하락이 단기적으로 한국 경제에 부담이 된다는 분석도 있지만 중장기적으로는 국민의 가처분소득을 증가시켜 소비촉진과 내수확대를 가져다줌으로써 경제가 활성화된다는 주장에 힘이 실린다.

최근 한국개발연구원이 우리 경제의 내년 성장률을 3.5퍼센트로 하향 조정해 발표하고 우리 경제가 순탄치 못할 것이라고 전망하는 가운데 다가온 최근의 유가 하락을 잘 활용하면 우리에게 좋은 기회가 될 것이다.

1980년대 중반 저유가·저금리·달러 가치 하락 등 3저 효과로 우리 경제는 비약적으로 발전했다. 다가오는 2015년 새해는 양의 해다. 그것도 운세가 가장 좋은 동물, '청양의 해'라니 유가 하락으로 인한 싼 기름값이, 어려울 때 우리 경제를 찾아온 행운의 청양이기를 바란다.

AIIB 창립회원국으로 서다

중국 시진핑 주석은 2013년 아시아 국가의 도로·항만·철도 등 사회간접자본 투자를 목표로 하는 중국 중심의 아시아인프라투자은행(AIIB) 설립 구상을 공식 제안했다. 자본금 규모는 5백억 달러로 출범해 1천억 달러선까지 늘릴 계획으로 2015년 말 공식 출범할 예정이다.

AIIB 설립으로 미국은 1966년 일본과 함께 창설한 아시아개발은행(ADB)의 역할이 약화될 것을 우려한다. 특히 유럽과 주도해 2차 세계대전 이후 브레턴우즈 체제에서 만들어진 세계은행(WB), IMF에 대한 도전으로 보고 동맹국들에 가입하지 말 것을 요구해왔다. 그럼에도 가까운 동맹국 영국까지 가입 의사를 선언하는 등 점차 참여국이 늘고 있다. 국제금융계는 세계 2대 경제대국으로서의 위상을 갖겠다는 중국의 강한 의지가 AIIB 설립으로 나타났다고 보고 있다.

IMF와 WB에서 투표권이 각각 3.8퍼센트와 5.2퍼센트에 그치는 중국은 제 목소리를 낼 수 없는 반면에 미국은 투표권이 16.8퍼센트와 16퍼센트에 이른다. ADB에서도 중국은 투표권 6.5퍼센트에 그쳐 미국(15.6퍼센트)과 일본(15.7퍼센트)에 비하면 턱없이 밀린다. AIIB 참여를 저울질하던 우리

2015. 4. 16.《파이낸셜뉴스》

정부는 지난 3월 하순 참여 입장을 중국 정부에 통보했고 4월 12일 공식적으로 창립회원국이 됐다. 중국은 AIIB 설립과 함께 아시아, 유럽, 아프리카를 연결하는 육·해상 실크로드 복원사업으로 일대일로一帶一路의 구상을 밝혔다. 이 지역의 인프라 투자수요만 해도 2020년까지 매년 7천3백억 달러(약 860조 원)에 이를 것으로 추산되며 건설·전력·통신 등 대형 인프라 시장이 창출된다. 이 부문에 높은 경쟁력과 실적을 갖춘 우리 기업들에 좋은 기회로서 진출 활로를 열어줘야 하는 정부 입장에서는 AIIB 가입을 외면할 수 없는 것이다.

회원국이 된 우리에게 많은 과제가 있다. 가입 의사를 밝힌 57개국 모두가 자국에 유리하도록 지분율과 운영방식 등 지배구조를 놓고 치열한 경쟁을 벌이고 있기 때문이다. 현재 AIIB 규정을 보면 역내 아시아 국가가 75퍼센트의 지분을 갖고 역외 국가는 25퍼센트를 갖게 돼 있지만 유럽 주요 국가들의 지분배분 확대 요구의 가능성이 커졌다.

AIIB 가입에 부정적인 미국은 동맹국과 국제기구를 통해 '협력'을 명분으로 중국의 독주를 견제한다는 방향으로 정책 선회를 했고, 예상보다 많은 국가가 AIIB에 참여함으로써 중국의 지분은 당초보다 줄어들 것으로 보인다.

우리나라는 AIIB 내에서 역내 3대 경제국에 걸맞은 위상 확보를 위해 치밀한 협상력을 발휘해야 한다. 먼저 많은 지분(투표권)을 확보해야 하고, 실제 투자결정에 참여할 수 있는 중요한 자리에 우리 인사를 보내야 한다. 또한 아시아 개발도상국가들에 우리의 경제개발 경험을 접목시켜 협력하는 방안을 제시하는 것도 우리 입지를 넓힐 수 있는 방법이다.

북한의 AIIB 참여가 어려울 것으로 보이면서 우리에게 AIIB는 향후 북한의 개발을 감안할 때 전략적으로 가치가 크다. 동북아시아의 지정학적 위험을 관리하고 북한을 개방된 글로벌 경제체제로 끌어내기 위한 매개로 AIIB의 역할을 기대해볼 수 있다.

이번 일련의 AIIB 창립 과정에서 보듯이 국제금융 질서는 그동안의 브레턴우즈 체제의 미국, 유럽 등 서방 중심에서 중국을 비롯한 신흥국으로 다변화되고 있다. 급변하는 국제금융 질서 속에서 우리 정부가 능동적으로 대처해 국익을 확보하는 데 더욱 노력해주기를 기대한다.

론스타 ISD를 계기로

국내의 관심이 온통 메르스에 쏠렸던 지난 5월과 6월 말, 미국 워싱턴에서는 론스타가 한국 정부를 상대로 낸 투자자·국가 간 소송(ISD)의 1차, 2차 분쟁조정회의가 열렸다. 한국 정부가 외환은행 매각을 지연시키고 차별적 과세로 손해를 입혔다는 주장으로 46억 7천9백만 달러(5조 1328억 원) 배상을 청구한 내용이다. 결과에 따라서 국가 브랜드와 재정에 부담을 줄 수 있는 중요한 사안이다. ISD는 외국인 투자자가 투자 대상국의 법령·정책 등으로 인한 손해에 대해서 국제중재를 통한 배상이 가능하게 한 제도로 세계은행 산하의 국제투자분쟁해결센터(ICSID)가 중재를 맡고 중재재판부는 소송 당사자가 추천한 각 1명과 양측 합의로 뽑은 위원장으로 구성된다.

2003년 론스타는 약 12억 달러(1조 3834억 원)에 외환은행을 인수한다. 그 후 부실 원인이었던 하이닉스와 대우건설의 주업종인 반도체, 건설업이 호황을 누리면서 외환은행의 가치가 크게 오르자 매각을 시도한다. 결국 국민은행과 HSBC와의 인수협상이 불발되는 과정을 거치면서 하나은행에 2012년 3조 9157억 원에 매각하고 막대한 차익을 챙긴다.

2015. 7. 2. 《파이낸셜뉴스》

그러나 론스타는 한국 정부가 HSBC와의 5조 9376억 원 규모의 매각 승인을 미루는 바람에 결과적으로 2조 원의 손실을 보았다고 주장하면서 ISD를 제기했다. HSBC는 세계금융 위기를 맞게 되자 2008년 9월 외환은행 인수를 포기한 바 있다. 우리 정부는 외환은행 매각과 관련한 국내 사법절차가 계속 진행 중이었기 때문에 승인을 미룬 것은 정당한 행정절차였다는 입장이다.

아울러 론스타는 국세청이 외환은행 주식 매각과 자사 소유건물 매각 차익에 대해 8천5백억 원대 세금을 부과한 것이 이중과세 협정위반이라고 주장한다. 외환은행을 사고판 회사는 론스타 벨기에 법인이니 한국과 벨기에 사이에 체결한 이중과세 방지 투자보장협정에 위반되었다는 것이다.

이에 국세청은 론스타 벨기에 법인은 서류상 회사인 페이퍼컴퍼니로 실제 영업지역인 한국에서 발생한 소득에 대한 과세는 정당하다는 입장이다. 우리 정부가 국익을 지키기 위해 최선을 다하겠지만 국민들도 론스타 ISD를 보다 냉정한 자세로 볼 필요가 있다. 이번 사건으로 2007년 한·미 FTA 협상 당시 제기되었던 ISD에 대한 논쟁이 다시 재연되는 일은 바람직하지 않다. ISD는 국제법상 투자협정에 포함되는 글로벌한 제도로 외국인 투자유치와 우리 기업의 해외투자 보호를 위해서도 필요한 제도다.

지난해 우리나라의 한 건설업체가 중국이 골프장 건설 승인을 해주고도 충분한 토지를 제공하지 않아 큰 손실을 입게 되자 중국 정부를 상대로 국제투자분쟁해결센터에 중재를 신청했다. 이는 2007년 체결된 한·중투자보호협정 때문에 가능한 것이다. 우리 정부는 론스타 ISD를 계기로 모든 정책을 더 투명하고 공정하게 추진해야 한다. 특히 국내 규제 정책을 시행할 때 투자분쟁 제소 가능성 여부를 면밀히 검토해야 한다. 론스타 ISD

분쟁 판정과 별도로 정부 차원에서 론스타의 외환은행 인수과정부터 시작해서 ISD 분쟁 결과까지 포함한 '론스타 징비록'을 만들어보면 어떨까. 소 잃고도 외양간 고치는 일에 소홀해선 안 된다. 론스타의 경우를 다시 면밀히 검토하고 점검해봐야 한다.

앞으로도 국내외에서 많은 ISD가 제기될 것이다. 체계적인 정보관리와 함께 ISD 관련 전문 인력을 양성하는 일에 정부가 앞장서야 한다. 통상인력, 법률전문가풀이 제한적인 현실에서 이들을 효율적으로 활용할 수 있는 방안도 함께 강구되어야 한다.

브렉시트와 한국

영국이 유럽연합 회원국으로 잔류할 것인가 떠날 것인가 세계가 주목하는 가운데 영국민의 브렉시트 찬반투표 결과는 예측을 깨고 EU 탈퇴로 결정됐다. 지난 23일 EU 잔류를 주장하던 자국민들과 전 세계 금융시장은 큰 충격에 휩싸였다.

당사국 통화 파운드화의 가치는 10퍼센트 가까이 하락하고 1985년 이래 최저치를 기록했다. 유로화는 1999년 도입 이래 최대폭인 4.3퍼센트 급락하고 뉴욕·일본·중국 증시 하락과 함께 국내 주가, 원화 역시 큰 폭으로 추락했다. 하루 만에 국내에서 47조 원, 세계 증시에서 3천조 원의 시가총액이 사라졌다.

최근 조선업 구조조정의 본격화, 미국 금리인상 가능성 등 어려움을 겪는 우리 경제에 예상치 못한 복병이 나타난 셈이다. 정부는 지난해 경우 대영국 수출이 전체 수출의 1.4퍼센트(2015년 기준)에 지나지 않고 교역규모나 직접투자도 크지 않아 우리 실물경제에 미치는 영향은 제한적이라는 입장이다.

그러나 유럽지역 수출의존도가 높은 중국 경제를 통한 부정적 여파가

2016. 6. 28. 《파이낸셜뉴스》

우리에게 밀려올 수 있다. 감소 추세에 놓인 세계 교역량이 중장기적 위축으로 이어진다면 어려움은 더욱 커질 수밖에 없다. IMF는 세계 5위 경제대국 영국의 GDP가 2030년까지 최대 9.5퍼센트 감소할 것으로 전망한다.

런던은 세계 최대 자금 파생상품시장이다. EU 외환거래의 78퍼센트, 배출가스 거래량의 96퍼센트가 런던에서 거래되고 외국인이 보유한 각종 자산만도 7조 달러로 추산된다. 금융허브 런던이 EU와 단절됨으로써 금융자산 가격이 요동치고, 금융허브로서 누려온 이점들이 퇴색할 수밖에 없는 것이다.

브렉시트는 실물경제보다 금융시장에 미치는 영향이 엄청나다. 신흥국시장인 우리 입장에서 가장 걱정되는 것은 자본유출의 위험성이다. 한국시장에서 5월 말 기준으로 외국인 주식 보유액 중 영국계 자본이 36조 원(8.4퍼센트)으로 미국계(39.8퍼센트) 다음으로 많다. 안전자산인 달러와 엔화 선호가 강해지고 원화 가치가 떨어지면서 영국계뿐 아니라 다른 자금까지 빠져나가는 대규모 자본유출이 부추겨질 수 있다.

브렉시트는 일회성 이벤트가 아니다. 단기적 충격과 중장기적 악영향을 모두 몰고 올 수 있는 큰 악재이다. 정부는 심사숙고해 가능한 장단기적 정책을 총동원해야 한다. 재정의 조기집행과 함께 추가경정예산 같은 적극적인 확장적 재정정책을 검토하고, 한국은행과 협조해 금리를 포함한 신축적인 통화정책 등 가능한 모든 정책조합을 동원하여 어려운 국면에 대응해야 한다.

외부충격에 크게 영향을 받는 수출 중심의 우리 경제구조를 탈피하기 위해 내수산업의 육성, 신성장동력산업 육성, 구조조정 촉진, 노동시장 개혁 등 경제구조개혁을 위한 노력도 계속 추진해야 한다.

영국이 EU에 일단 공식적인 탈퇴 의사를 밝히면 리스본 협정 50조에 따라 2년간의 탈퇴협상이 시작된다. 이 기간에 한·EU FTA을 통해 특혜관세가 영국과의 교역에서 유지된다. 가능한 한 빨리 영국과의 새로운 FTA도 추진해야 한다.

잇따른 EU 탈퇴가 염려되는 가운데 영국의 브렉시트 선택은 다시는 어리석은 전쟁을 되풀이하지 않고 유럽의 평화와 공동번영을 이루고자 창설됐던 애초의 유럽 통합정신의 쇠퇴를 의미한다. 2차 세계대전 이후 세계질서를 주도해온 개방적 자유주의 시대가 저물고 자국 중심의 폐쇄적 '신고립주의'가 우려되면서 미 공화당 대통령 후보 트럼프의 등장이나 그가 내세우는 미국 우선주의도 이 맥락으로 이해하지 않을 수 없다.

생각할 수도 없던 것들이 현실이 되는 글로벌의 불확실성 시대 속에서 우리의 선택은 무엇인지 정부와 우리 국민은 진지하게 고민해야 한다.

미국과의 통상외교

　제45대 미국 대통령선거를 향한 민주·공화 양당 후보들의 정책공약이 신고립주의, 보호무역의 색깔을 점점 강하게 띠는 가운데 21일 공화당 후보 수락 연설에서 도널드 트럼프는 미국 우선의 아메리카니즘을 선언했다. 트럼프는 한·미 FTA와 북미자유무역협정 등 민주당 정부가 추진했던 무역정책들을 실패로 규정하고, 자신이 집권하게 되면 이를 바로잡는 조치를 취하겠다고 했다. 특히 한·미 FTA로 인해 대한 무역적자가 두 배로 늘었고 일자리는 10만 개나 사라졌다며 한·미 FTA를 개정하거나 철폐해야 한다고 각을 세우고 있다.

　2013년 한·미 FTA가 발효된 후 미국의 대한 무역적자가 2012년 166억 달러에서 2015년 283억 달러로 숫자상 확대된 것은 사실이다. 그러나 최근 미 정부 산하의 준사법적 기관인 국제무역위원회가 발표한 한·미 FTA의 경제적 영향 분석보고서를 보면 트럼프의 주장이 얼마나 무리한 것인지 잘 알 수 있다.

　보고서에 의하면 한·미 FTA 체결이 미국 경제의 교역수지, 소비자 후생, 투자 등에 긍정적 영향을 미쳤고, 2015년 기준으로 한·미 FTA로 인한 교

2016. 7. 28.《파이낸셜뉴스》

역수지의 개선효과를 157억 달러로 추정하고 있다. 이는 283억 달러의 대한 무역수지 적자 폭이 한·미 FTA 협정이 없었을 경우 대략 440억 달러에 이른다는 의미다. 한·미 FTA 때문에 미국 내 일자리가 줄었다는 것도 일방적인 주장일 뿐이다. 한국의 대미 투자가 늘어나 자동차 현지 공장이 건립되어 3만 7천 개의 일자리가 만들어졌다. 2011년 미국의 자동차 수출은 4억 2천만 달러 수준에서 2015년에 12억 6천만 달러로, 의약품은 6억 3천만 달러에서 9억 3천만 달러로, 쇠고기는 6억 9천만 달러에서 8억 1천만 달러로 주요 품목의 수출이 대부분 늘었다.

미국은 상품부문과 달리 서비스부문에서 흑자를 보여 2011년 69억 달러에서 2015년 94억 달러로 늘어났다. 따라서 미국이 손해를 보고 한국이 일방적으로 혼자 이득을 봤다는 주장은 사실이 아니다. 트럼프 등 미국 정치권 인사들의 한·미 FTA에 대한 왜곡된 평가는 많은 부분 오해에서 비롯됐다. 한·미 FTA는 당시 양국 정부 간에 많은 어려움을 뚫고 성사시킨 중요한 통상정책의 성과다. 우리 입장에서 한·미 FTA는 경제협력뿐만 아니라 중국·일본·러시아 등 열강과의 동북아 역학관계에서 미국과의 외교적 협력 강화의 효과도 크다고 보았다.

이번 미국 대선에서 민주당이 승리하더라도 보호무역주의 정책이 어느 때보다 강해질 전망이다. 최근 발표한 힐러리 클린턴의 정강정책을 보더라도 경쟁자였던 버니 샌더스의 주장을 많이 반영하고 있다. 샌더스는 경선 과정에서 신자유주의적인 경제정책을 비판하고 FTA로 미국 내의 일자리가 크게 줄어든 것을 개선하기 위한 대책으로 보호무역주의 정책을 주장했었다.

발효 4주년을 맞은 한·미 FTA는 양국 간 교역 및 투자 확대로 양국 경제의 성장과 발전에 긍정적 효과를 가져왔다는 객관적인 평가를 받고 있다. 미국 정부도 양국이 다섯 차례에 걸친 관세 인하·철폐로 양국 기업들에 폭넓은 시장접근의 기회를 제공해왔다는 입장을 내놓았다.

우리 정부는 외국인 투자 촉진과 기업하기 좋은 환경 구축을 위해 불필요한 규제를 철폐하는 등 제도의 글로벌 스탠더드화를 위해 더 노력해야한다. 아울러 미 행정부는 물론 민주·공화 양당 후보 진영에 한·미 간의 정확한 교역현황을 이해시키는 노력도 강화해야 한다. 당국 간 채널은 물론 WTO, OECD 등 다자 채널을 적극 활용하고 국회도 의원외교를 통해 정부에 힘을 보태야 할 것이다.

개방 없이 성공할 수 없다

지난달 29일 정부가 처음으로 TPP에 관심을 표명하고 이어서 지난 3일 부터 인도네시아 발리에서 진행된 세계무역기구(WTO) 각료회의를 활용해 관계국들과 예비양자협의를 진행함으로써 이제 TPP가 한국의 중요 통상 현안으로 떠올랐다. TPP는 2005년 소규모 개방경제 국가인 뉴질랜드·싱 가포르·칠레·브루나이 4개국이 모여 2015년까지 모든 무역장벽을 철폐하 는 것을 목표로 시작한 협상이다.

창설 초기에는 그다지 부각되지 못한 다자간 자유무역협정이었지만 2008년 미국의 참여 선언으로 주목받게 되고 이어 아베 정권의 일본이 TPP 협상에 참여하게 되면서 큰 무역라운드가 됐다. 현재 TPP에 참여한 12개국은 전 세계 GDP의 38퍼센트, 전체 교역의 28퍼센트를 차지하고 있다. WTO 도하개발어젠다(DDA) 협상이 지지부진한 상태에서 향후 주요 선진국과 개도국이 고루 참여 중인 TPP에서 제정할 무역규범이 전 세계의 표준이 될 수 있을 것이다.

정부 발표 이후 TPP 가입에 대한 찬반과 가입 시기에 대한 엇갈린 여론 들이 있다. 살펴보자면, 정부가 그동안 협상 참여로 방향을 정하고도 '협

2013. 12. 16. 《파이낸셜뉴스》

정출범멤버' 입장이 될 것인가, 아니면 틀이 다 만들어진 후에 참여할 것인가를 놓고 시간만 끌다 주도적 입장의 기회를 놓쳤으니 이제라도 신속한 절차를 밟아야 한다는 TPP 조기참여 주장이 있다.

반면 미국을 비롯한 TPP에 참여한 12개국 가운데 이미 8개국과 FTA를 타결한 우리나라 입장에서 볼 때 TPP 참여는 사실상 일본과의 FTA 협상과 다름없다는 주장이 있다. 게다가 일본 제조업의 경쟁력과 최근 아베노믹스에 따른 엔저 효과까지 감안해볼 때 현시점에서 우리의 TPP 참여는 사실상 실익이 없어 보이므로 서두를 필요가 없다는 것이다. 자동차 산업을 비롯한 대부분의 제조업이 적극 찬성을 보였던 한·미 FTA 때와는 사뭇 다른 양상이다.

양쪽 주장 모두 일리가 있는 만큼 신중해야겠지만 TPP 참여는 단순히 관세를 낮추는 효과보다도 '역내 공급체계'에 들어간다는 관점에서 중요하다. TPP 체결 시 원산지 규정에 따라 역내에서 거래하는 원자재는 국산으로 인정돼 관세 혜택을 받는데, 만일 한국이 TPP에서 빠지면 일본 중심으로 공급체계가 형성돼 우리 제조업이 큰 피해를 볼 수 있는 것이다.

다음 일본과의 문제는 두 개의 FTA 협상 테이블에서 마주하고 있는 현실을 고려해야 한다. 한·중·일 FTA와 동아시아 16개국이 참여하고 있는 '역내 포괄적 경제동반자협정(RCEP)' 협상이 그것이다. 설사 두 협상이 TPP만큼의 포괄적 개방이 아니라 하더라도 이 협상들에서도 충분히 많은 품목을 일본에 개방해야 하는 상황이다.

그리고 초기부터 TPP가 자국을 포위하기 위한 미국 중심의 전략이라며 부정적인 입장을 보인 중국과의 관계다. 최근 더욱 첨예해지고 있는 미국과 중국의 대결 국면 속에서 한·중 관계에 균열을 가져올 수 있다는 걱정도 해야 한다. 하지만 중국은 현재 미국과 FTA 전 단계인 투자협정(BIT) 협상을 하고 있고, 언제든 원하면 TPP에 들어올 수 있다는 것이 많은 통상 전문가의 견해다. 중국에 이해를 구하면서 우리의 실리를 취해야 한다.

우리는 경제개발 초기 성공적인 대외지향적 수출 주도의 개발전략을 채택했고 이를 바탕으로 1980년대 들어와 적극적인 대외경쟁을 도입해 산업 경쟁력을 높였다.

2000년대 들어와서는 동시다발적인 FTA를 추진해 세계 7대 무역국가로 발돋움하는 토대를 마련한 바 있다. 동북아 3국 중 미국, 유럽연합(EU)과 동시에 FTA를 체결한 나라는 한국이 유일하다. 모든 개방이 성공을 보장할 수 없지만 개방 없이는 성공할 수 없다는 역사적 교훈을 생각하면서 TPP 협상에 전향적이고 적극적으로 임해야 한다고 본다.

TPP 가입의 의미

2005년 6월 뉴질랜드·싱가포르·칠레·브루나이 4개국으로 시작됐던 TPP 협상이 지난해 미국, 일본을 포함한 12개국으로 마무리됨으로써 한국의 참여 없이 세계 최대규모의 다자 간 FTA가 발효됐다.

미국, 일본의 주도로 멕시코·호주·베트남 등 태평양 연안 12개국이 참여하는 다자 간 FTA로 창설회원국의 국내총생산 합계는 무려 세계 경제의 40퍼센트에 이른다. 30개 장章에 이르는 TPP 협정문은 농산물, 제조업은 물론 지식재산권·노동·환경·서비스·투자 등 광범위한 분야의 국제통상 규범을 담고 있다.

TPP의 경제적 효과에 대한 전망을 놓고 경제전문가들의 논란이 있지만, 최근 미국 워싱턴 소재 피터슨국제경제연구소(PIIE)가 TPP가 발효되면 2030년 일본의 수출은 23.2퍼센트 증가하는 반면 TPP 비회원국인 한국의 수출은 1퍼센트 감소할 것이라는 분석을 내놓아 주목하지 않을 수 없다.

우리 정부는 TPP 참여국 중 일본·멕시코를 제외한 10개국과 이미 FTA를 체결하고 있기에 TPP 참여는 사실상 일본과의 FTA 협상과 다름없어 큰

2016. 3. 1.《파이낸셜뉴스》

실익이 없다는 점과, TPP 협상이 정치·경제적으로 점점 커지고 있는 중국의 국제 영향력을 견제하기 위한 미국·일본의 공동전략이라는 중국의 반발을 무시할 수 없었던 점 등이 TPP 협상 불참의 이유였다.

그동안 FTA 낙제생이란 오명을 들어왔던 한국의 수출경쟁국 일본은 TPP 참여로 우리보다 더 큰 FTA 당사자가 됐고, 미국 등 해외시장에서 누려온 한국의 FTA 선점 효과는 대폭 줄어들게 되었다. 이번에 합의한 TPP 협정에서 미국은 승용차·기계·전기·전자 분야에 걸쳐 상당수 일본 상품에 대한 관세를 철폐하기로 했다.

구체적인 TPP 협상 내용이 알려지면서 우리 산업계의 걱정이 커지고 있다. 가장 우려되는 것이 TPP 가입국 원·부자재를 자국산으로 인정해 특혜관세를 부여하는 이른바 '누적 원산지 규정'이다. 한국 제품은 이런 관세 혜택을 볼 수 없기 때문에 경쟁국 제품에 비해 불리해진다. 특히 섬유, 의류산업에 있어 국내 제조업 공동화에 대한 우려마저 나온다. 누적 원산지 규정에 따라 베트남 등 TPP 가입국으로 공장을 옮겨야 미국·일본 등지로 수출할 때 관세인하 혜택을 볼 수 있기 때문이다.

1960년대 초부터 본격적으로 경제개발을 시작한 한국 경제는 '한강의 기적'으로 불리는 성공적 압축성장을 바탕으로 1980년대 이후 적극적이고 능동적인 대외개방정책을 추진해왔다. 2000년대 들어서는 과감한 FTA 정책 추진으로 오늘날 세계 6대 수출국으로 가는 길을 열었다. 한·미, 한·유럽연합 FTA 체결로 최대 FTA 국가 중 하나가 된 한국이 세계 최대규모의 자유무역협정, TPP 창설회원국이 되지 못한 아쉬움이 크게 남는다.

한 연구기관의 분석에 따르면 2018년에 가입하면 GDP가 1.17퍼센트 증가하지만 2019년에는 1.11퍼센트, 2020년에는 1.09퍼센트로 증가율이 낮아진다는 것이다. TPP 가입을 서둘러야 할 이유가 더욱 분명하다. TPP는 전체적 개방 수준이 기존의 한·미, 한·유럽연합 FTA 범위를 크게 벗어나지 않겠지만, 단순한 관세인하 효과보다 역내 공급체계에 들어간다는 관점에서 TPP 참여를 판단해야 한다는 통상전문가들의 의견에 귀를 기울여야 한다.

얼마 전 신임 주형환 산업통상자원부 장관은 TPP 로드맵 수립계획을 포함하여 국익을 극대화하는 방향으로 TPP 가입을 적극 검토하겠다고 밝혔다. 다행스러운 일이며, 통상분야에 경험과 전문성을 지닌 신임 통상책임 장관의 정책에 거는 기대가 크다.

트럼프의 통상정책과 한국

미국 대통령 당선자 도널드 트럼프는 선거기간 내내 '미국 우선주의, 위대한 미국 재건'을 외치며 세계를 향해 공세적인 공약을 쏟아냈다. TPP 폐기, 불법이민자 추방, 멕시코 제품 관세 35퍼센트 부과, 중국 환율조작국 지정, 중국산 제품 관세 45퍼센트 부과, 한·미 FTA 철폐·재협상이 대표적이다.

트럼프 당선자 인수위원회의 '무역 200일 계획' 5대 원칙은 TPP 철회, 북미자유무역협정 재협상·탈퇴, 불공정 수입 중단과 무역 관행 중단 및 양자 무역협상 추진을 포함하고 있다. 취임 즉시 TPP 철회, 캐나다·멕시코에 NAFTA 개정 통보, 100일 안에 중국 환율조작국 지정 검토, 200일 안에 양자 무역협상 개시 등 실행계획이 구체적이다. 우리가 우려하던 한·미 FTA 철폐, 재협상 요구와 환율절상 압력도 코앞의 현실로 다가왔다.

한·미 FTA가 발효된 4년 동안 한국의 미국 시장 점유율이 오르고 대미 무역흑자 규모가 확대된 것이 미국의 불만이다. 우리는, 한·미 FTA 이후 미국의 서비스부문 흑자 확대, 한국의 연간 70~80억 달러 미국산 무기 구입, 한반도에서의 미국 국익의 중요성을 내세워 다양한 경로로 미국

2016. 11. 29. 《파이낸셜뉴스》

을 설득해야 한다. 미국은 통상협정의 비준체결 권한이 의회에 있고, 한·미 FTA가 파기될 경우 당장 미국산 자동차·쇠고기의 한국 시장 접근이 크게 불리해지기에, 폐기를 추진하기보다 그동안의 이행 부족 등을 불만 사항으로 들어 재협상을 제기할 가능성이 높아 보인다.

우선 법률서비스 시장 개방, 약값 결정 과정의 투명성 제고, 정부기관의 불법복제 소프트웨어 사용 금지가 재협상에 오를 내용으로 예상된다. 아울러 대미교역 흑자국인 중국·일본·독일·한국 등에 환율절상 압력의 강도를 높일 것으로 보인다. 지난 5월 이미 오바마 행정부도 베넷-해치-카퍼 법(BHC Amendment)에 의거해 중국·일본·독일·한국을 환율 감시국으로 지정한 바 있다.

BHC법이란 대미 무역수지 2백억 달러를 초과한 국가, 경상수지 흑자 GDP 대비 3퍼센트를 초과한 국가, 1년 이상 지속적으로 외환을 매입한 금액이 GDP의 2퍼센트 이상인 국가라는 세 가지 기준에 부합되면 환율 조작국으로 지정하는 수정법안으로, 2016년 10월 기준 한국의 경상수지 흑자가 GDP의 7.7퍼센트(일본 3.7퍼센트, 중국 2.4퍼센트, 독일 2.4퍼센트)를 기록한 것을 두고 미국이 환율절상의 압력을 불어넣는 근거가 되고 있다. 미국 정부에 영향력이 큰 피터슨국제경제연구소는 원화의 적정 환율을 1,070원으로 추정하고 있는 데 반해 최근 환율은 1,170원 수준을 넘나들고 있다.

아베 신조 일본 총리는 트럼프 당선자를 선거 열흘 만에 만났다. 일본의 최대관심사인 TPP 사안 외에도 트럼프가 구상하고 있는 1조 달러 규모의 인프라투자 사업에 일본 기업이 참여할 수 있도록 요청했다는 발빠른 행보 소식도 들린다. 리더십의 공백으로 아시아태평양경제협력체(APEC) 같은 다자간회의의 동시다발적인 정상회담에도 참석하지 못하고 있는 지금 우리나라의 처지와 크게 대비된다.

통상 관련 장관들은 당장 현안으로 떠오른 한·미 FTA, 환율절상 압력 등에 효율적으로 대응하기 위한 범정부적인 태스크포스를 구성하고, 국회도 의원외교 채널을 총 가동해 정부와 함께 대미통상 외교에 적극 동참해야 한다. 아울러 이번 정부에서 공론화 과정 없이 산업통상자원부로 이관한 통상기능이 잘 가동되고 있는지 검토해야 한다.

포용의 길을 묻다

계층이동의 사다리 구실을 했던 교육이 오히려 계층을 고착화하는 역할을 한다. [···] 중산층이 무너져 사회 격차가 확대되면 사회가 흔들리게 된다. [···] 많은 국민이 미래에 대해 희망보다 절망을 느낀다면 과연 우리가 선진국으로 가는 의미가 무엇일까 곰곰이 다시 생각해봐야 하지 않을까?

전 지구의 화두, 포용적 성장

오는 6월 OECD 주최로 서울에서 뉴욕, 파리 등 47개 세계 주요도시 시장들이 참석하는 '포용적 성장 회의'가 열린다.

2008년 글로벌 금융위기 이후 '포용적 성장(Inclusive Growth)'이 세계적인 화두로 떠오르며 논의가 본격화되고 있다. 포용적 성장이란 경제적 불평등을 완화하면서 지속가능한 성장을 의미하며, 모든 국민들이 경제성장에 기여할 공평한 기회를 갖고 그 성과가 공정한 규칙에 따라 골고루 분배되는 것이라고 OECD는 규정하고 있다. 다보스 포럼은 '2017 글로벌 리스크 보고서'에서 향후 10년간 세계를 위협할 요소로 경제적 불평등과 사회적 양극화를 꼽았다. 미국 백악관 경제자문위원회의가 펴낸 '대통령 보고서'에서도 포용적 성장을 핵심 주제로 삼은 바 있다.

대기업 중심으로 경제가 성장하면 그 과실이 저소득층을 포함한 전 계층으로 고루 나뉘는 낙수효과가 일어나야 하는데, 생산성과 1인당 국민총소득이 늘어났음에도 부가 상위계층에만 집중되고 서민과 중산층의 소득은 늘어나지 않는 것은 심각한 문제이다.

IMF가 159개국을 대상으로 32년간의 패널 자료를 분석한 결과 하위

20퍼센트 계층의 소득증대는 GDP에 플러스 효과를 가져왔지만, 상위 20퍼센트의 소득증가는 GDP에 마이너스 효과를 가져왔다. 전형적인 낙수효과가 작동되지 않았다고 보는 분석이다.

노벨 경제학상 수상자로 소득분배의 최고권위자인 사이먼 쿠즈네츠 박사는 한국을 일본, 대만과 함께 불평등이 심화되지 않으면서 경제성장을 이뤄낸 대표적인 국가로 꼽았지만 1997년 외환위기 이후 한국은 소득불평등이 단기간에 극심해진 나라가 되었다.

OECD는 '한국이 선진국으로 도약하려면 사회 양극화를 줄이는 동시에 국민의 삶의 질 향상을 위해 포용적 성장을 해야 한다'고 권고한다. 한 연구기관의 분석에 따르면 우리나라 소득 상위 1퍼센트 계층이 국민 전체 소득에서 차지하는 비중은 2000년 9.0퍼센트에서 2015년 14.2퍼센트, 상위 10퍼센트 계층의 소득 비중은 2000년 36.4퍼센트에서 2015년 48.5퍼센트로 지속적인 증가를 보이고 있다.

포용적 성장은 '기회의 형평성'을 높여 사회구성원 모두가 윈윈할 수 있도록 하는 것이다. 이를 위해 무엇보다 경제활동과 교육기회가 공평하게 주어져야 한다. 그러나 우리 사회에서 계층이동의 큰 계기를 만들어주었던 교육이 오늘에 와서는 계층이동을 한층 어렵게 만들고 있다는 우려의 목소리가 커지고 있다.

포용적 성장의 핵심은 성장이다. 소득불균형 완화는 성장을 이루기 위한 전략 중 하나라고 전문가들은 말한다. 따라서 정책 결과로 소득불균형은 완화됐지만 경제성장이 역행했다면 이는 포용적 성장이라고 할 수 없다. 최근 대선을 앞둔 대권후보들이 양극화 완화를 위한 대책으로 '포용적 성장'을 소리 높여 외치고 있는데 우선 구체적인 정책에 대한 깊은 고민이 선행되어야 할 것이다.

현실로 다가온 4차 산업혁명으로 일자리는 감소하고 소득불평등은 심화될 가능성이 높아졌다. 로봇의 제조업 투입, 인공지능(AI)에 기반한 콜센터, 로보어드바이저 금융서비스와 법률자문서비스 등의 등장이 사람들의 일자리를 위협하는 요인이 될 수 있다. 다보스포럼은 4차 산업혁명으로 210만 개의 신규 일자리가 생성되고 710만 개의 일자리가 소멸할 것으로 전망했다. 우리도 이 현실을 비껴갈 수 없을 것이다.

양극화 완화와 4차 산업혁명에 대비한 경제운용을 위해 새로운 패러다임 전환이 절실한 시점이다. 포용적 성장에 대한 사회 각층의 고민과 담론을 기대한다.

다이나믹코리아의 희망

　'다이나믹코리아'는 역사적으로 여러 고난의 시기를 극복해온 한국인의 역동적 정신과, 미래를 진취적으로 개척해나가자는 비전을 담아 2001년 정부가 국가 브랜드로 삼은 구호이다.

　그러나 최근 계층이동에 관한 우리 국민의 의식을 조사한 현대경제연구원의 보고에 따르면 이러한 국가 브랜드가 무색할 만큼 우리 사회의 역동성이 크게 떨어진다는 사실을 절감할 수 있다.

　'개개인이 열심히 노력한다면 계층 상승의 가능성은 어느 정도인가'라는 질문에 응답자의 75.2퍼센트가 가능성이 낮다고 답했고, 높다고 응답한 이는 24.8퍼센트에 불과했다. 연령대로 볼 경우 30대 응답자의 80.2퍼센트가 계층 상승이 어렵다는 부정적 반응을 보였다. 우리 사회의 중추라 할 수 있는 세대의 대부분이 미래에 비관적이라는 사실은 실로 안타까운 일이다.

　'지난 1년간 자신의 계층이 하락했다'고 생각하는 응답은 응답자의 20.8퍼센트로, 상승했다는 응답(2.3퍼센트)의 아홉 배에 달했다. 계층 하락의 이유로는 '물가상승 등으로 인한 생활비 부담 증가(39.8퍼센트)'를 가장 많이 꼽

2013. 9. 26. 《파이낸셜뉴스》

왔다. 이외 응답은 '실직이나 소득 감소(29.4퍼센트)', '자산가격 하락(17.5퍼센트)', '과도한 부채로 인한 상환 부담(9.5퍼센트)', '기회 불공평(3.8퍼센트)'의 순으로 나왔다. 민생경제의 어려움이 사람들의 의식에까지 영향을 미치고 있는 것이다.

역동성이 높은 사회일수록 사람들이 계층 상승의 희망을 갖고 열심히 일한다. 그런데 지금 우리의 현실은 이와 다른 방향으로 가고 있는 것 같아 심히 우려스럽다. 우리나라는 1997년 외환위기 이전만 해도 계층이동이 비교적 활발한 사회로 꼽혀왔다. 일제강점기와 광복 그리고 6·25전쟁을 겪으며 과거의 계급 및 계층 체제가 무너지면서 상대적으로 평등한 사회가 된 것이다. 이후 경제성장 과정에서도 한국에선 비교적 소득분배가 잘 이루어졌다는 것이 세계은행을 비롯한 전문가들의 평가였다.

그러던 소득분배의 균형이 1990년대, 특히 외환위기 이후 깨지면서 불평등의 양상을 띠어가고 있다. 경제성장률과 고용창출력이 둔화되면서 양극화와 분배 불균형이 계속되고 있는 것이다. 가구소득의 불평등도를 나타내는 지니계수(Gini's coefficient)는 1992년 0.254에서 2012년 0.310으로 증가했고, 중위가구 소득의 50퍼센트에 못 미치는 빈곤 가구의 규모가 17.6퍼센트에 달하는 등 중산층이 위축돼가고 있다. 통계청의 '2012년 가계 금융·복지 조사'의 순자산 지니계수는 무려 0.616으로 자산보유의 양극화와 불평등 구조도 계층 간 이동성을 크게 제약하고 있음을 보여준다. 역동성이 낮은 사회일수록 계층 상승을 위해 전력투구하는 분위기와 거리가 멀고 복지·분배정책을 요구하는 목소리만 커지기 쉽다. 중산층이 얇아지면 부자·대기업에 대한 증세 요구도 커진다. 지난 대선에서 포퓰리즘적 복지공약들이 난무했던 것도 이런 분위기와 맞닿아 있는 것이다.

노벨 경제학상을 수상한 조셉 스티글리츠는 최근 저서『불평등의 대가』를 통해 오늘날 미국에서 부자는 갈수록 부유해지고 가난한 사람은 갈수록 가난해지고 있으며 중산층은 공동화되고 있음을 실증적으로 분석하고 있다. 중산층의 소득이 정체되거나 감소하여 중산층과 부유층 사이의 간격은 갈수록 벌어지고 이러한 불평등이 결과적으로 경제성장을 둔화시키고 사회 불안정을 심화한다는 주장이다. 최근 우리의 경제·사회적 현상을 볼 때 시사하는 바가 크다고 할 수 있다.

박근혜 정부는 중산층 70퍼센트 복원 정책을 국정운영의 주요 과제로 삼고 있다. 바람직한 정책 방향이다. 그러나 이를 위해서는 계층 하향 이동을 초래해온 주택·교육정책의 패러다임을 전환해야 할 뿐 아니라 부를 공평하게 분배할 조세·재정정책과 경제민주화 시책을 지속적으로 추진해야 한다.

우리나라가 중진국의 함정에 빠지지 않고 선진국으로 도약하기 위해서는 역동성 넘치는 다이나믹코리아가 돼야 하며 이를 위해 정부를 비롯한 모든 경제 주체가 혼신의 힘을 쏟아야 할 것이다.

양극화, 어떻게 해소할 것인가

　최근 최저임금 인상의 필요성이 제기된 후, 현재와 같은 소득 불균형이 지속될 경우 양극화 현상이 더욱 심화될 것이라는 주장이 힘을 얻고 있다. 20세기 말부터 지식정보화 사회가 진행되면서 소득 양극화 현상은 우리뿐 아니라 선진국을 비롯한 모든 나라에서 일어나고 있는 세계적 추세이다. 지식정보화 사회의 빠른 진행은 지식과 정보를 많이 가진 사람과 그렇지 못한 사람 간의 소득 격차를 더욱 벌어지게 하고 있다.

　수년 전 미국의 '월가를 점령하라' 시위가 부의 편재라는 문제를 부각시킨 바 있다. 전 세계의 소득 불균형, 양극화 문제가 중요한 정치·사회적 이슈로 떠오르면서 마이클 샌델의 『정의란 무엇인가?』, 조셉 스티글리츠의 『불평등의 대가』, 로버트 라이시의 『슈퍼 자본주의』, 토마 피케티의 『21세기 자본』 등 부의 불균형에 관한 저서들을 베스트셀러로 만들기도 했다.

　미국의 빌 게이츠 같은 성공신화가 그 이면에서 수많은 사람을 가장자리로 밀려나게 했듯이, 우리나라의 1997년 외환위기 금융개혁 과정을 보더라도 외국계 은행 출신들의 승진과 중용의 다른 이면에는 수많은 은행원이 직장을 떠나야 했던 현실이 있었다.

2015. 3. 19.《파이낸셜뉴스》

양극화는 심각한 문제를 야기한다. 서구처럼 사회안전망과 복지제도가 잘되어 있는 나라들은 국가와 공동체 전체가 양극화 해결을 위해 노력할 체제를 갖추고 있지만, 우리처럼 사회안전망이 취약하고 패자부활이 힘든 사회에서는 계층 간 대립과 갈등이 첨예해질 수밖에 없다.

양극화는 경제를 위축시킨다. 중산층에 속했던 사람들이 저소득층으로 떨어지고 결국 소비구매력이 약화된다. 유효수요의 감소는 소비시장의 축소로 이어지고 '생산-투자의 선순환'을 깨뜨린다.

최근에 소득 양극화에 관한 한국조세재정연구원의 「소득분배 변화와 정책과제」, 그리고 동국대 김낙연 교수의 「한국의 개인소득 분포」라는 두 연구발표가 다음과 같은 의미 있는 내용으로 주목을 끈다.

우리 사회에서 기존의 소득계층 자리에 머물 확률은 저소득층과 고소득층에서는 커진 반면 중산층에서는 감소했다. 저소득층으로 계속 남을 확률이 2008~2009년에 전체 계층의 18.4퍼센트였던 것이 2011~2012년 20.3퍼센트로 늘어났고, 고소득층에 계속 머물 확률은 같은 기간 23퍼센트 수준에서 25.8퍼센트로 증가했다.

반면 중산층에 머물 확률은 34퍼센트 수준에서 31퍼센트로 하락했고, 저소득층 가구가 중산층으로 올라설 비율은 6.1퍼센트에서 5퍼센트로 줄어들었다. 이처럼 계층 상승이 어려워지고 있는 원인은 취약한 복지정책에서 찾을 수 있다. 비정규직을 비롯하여 일자리의 질이 떨어지고 노인빈곤층의 생활조건이 악화되고 있는 것이다.

또한 개인소득 상위 10퍼센트가 전체소득의 48퍼센트, 상위 20퍼센트가 68퍼센트를 차지하는 반면, 중하위층 40퍼센트가 전체소득의 2퍼센트 점유에 그치고, 근로자 등 개인소득자 중 48퍼센트의 연간 소득이 1천만 원이 채 안 되는 것은 소득 쏠림현상을 보여주는 통계다. 이처럼 계층 간 이동의 어려움과 소득 격차의 확대는 우리 사회의 역동성과 활력을 점차 떨어뜨리며 지속가능한 성장을 방해하는 장애요인으로 작용한다.

역사적으로 볼 때 교육은 계층이동의 큰 사다리 역할을 해왔다. 그러나 오늘날에 와서는 오히려 계층을 실질적으로 고착화시키고 있다는 주장까지 나온다. 복지혜택도 그것을 필요로 하는 노인, 극빈층에게 우선적으로 돌아가지 않고 있다. 우리 사회의 양극화 해소를 위해 시급히 개선해야 할 정책과제가 한둘이 아님을 감안할 때 정부의 신속 과감한 정책대응이 장기적으로 볼 때도 정치·사회적 비용을 크게 줄이는 길이라 본다. 요즘은 호미로 막을 일을 가래로 막는다는 우리 속담이 자주 떠오른다.

교육은 계층이동의 사다리인가, 장애물인가

'개천에서 용 난다'는 말이 있다. 미천한 신분의 극복을 빗대어 한 말이자 사회학 용어인 계층이동을 쉽게 표현한 말이다. 사회계층의 수직적 이동을 의미하는 사회이동(social mobility)을 계층이동이라고도 부르는데, 우리 사회는 조선 시대 양반 신분제를 탈피하면서 상대적으로 계층이동이 용이한 사회로 인식되어왔다. 한때 〈검사와 여선생〉처럼 신분을 뛰어넘는 내용을 다룬 신파극이 유행하여 많은 이들이 그러한 내용으로 대리만족을 느끼기도 했다.

통계청이 2년마다 조사하여 발표하는 '사회통계'는 지난해 12월 그간 우리 국민의 계층이동에 대한 의식이 크게 변화한 것을 드러내어 적잖은 충격을 던져주고 있다. '일생 동안 노력한다면 본인의 사회경제적 지위가 높아질 가능성이 있느냐?'는 질문에 '가능성이 높다'는 답의 비율이 응답자의 28.8퍼센트에 불과했고 이는 2년 전의 35.7퍼센트보다 크게 줄어든 것이었다. 반면 '가능성이 낮다'는 응답은 2년 전의 48.1퍼센트에서 58.8퍼센트로 훨씬 높아졌다.

'나는 중산층이다'라고 생각하는 가구 수는 응답자의 52.8퍼센트로

2012. 1. 12. 《경인일보》

1988년 통계를 생산하기 시작한 이래 가장 낮은 수치를 보였다. 참여정부 시절인 2006년 53.4퍼센트에 비해서도 낮다. 반면 '나는 하층이다'란 응답 비율은 2009년 42.4퍼센트에서 45.3퍼센트로 늘었다. 중산층과 하층의 비중 차이는 7.5퍼센트에 불과하다. 수치상 소득은 늘어났음에도 불구하고 실제로 자신이 중산층이라고 느끼는 체감도가 낮아졌고 계층이동에 대한 긍정적인 생각도 줄어든 것이다. 그동안 정부가 국정운영의 목표를 '서민을 따뜻하게 중산층을 두텁게'로 잡은 것과는 사뭇 다른 방향으로 국민들이 느끼게 된 무색한 상황이다.

아마존닷컴으로 1백만 부 이상 판매된 『계층이동의 사다리(A Framework for Understanding Poverty)』에서 저자 루비 페인 박사는 빈곤층이 안고 있는 현실에 주목하면서 계층 상승을 위한 해법으로 교육을 강조하고 있다.

우리나라만큼 자녀 교육에 열심인 부모들이 또 어느 나라에 있을까? 그러나 통계청 조사에서 자녀의 계층 상향 가능성에 대해 응답자의 41.7퍼센트만이 긍정적인 답변을 했고 그중 가능성이 매우 크다고 답변한 이들은 4퍼센트에 불과했다. 이에 반해 부정적 반응은 42.9퍼센트에 달했다. 부정적 답변이 긍정적 답변을 넘어선 것 역시 관련 조사가 시작된 이후 처음이다. '나는 몰라도 내 아이는 잘살 것이다'라는 기대마저 접어버린 조사 결과는 주거비·교육비 급증 등 심해지는 사회 양극화 속에 정상적 방법을 통한 서민들의 계층 상승이 점점 어려워지고 있다는 우리 사회의 모습을 그대로 반영한 것으로 볼 수밖에 없다.

지난해 서울대 합격생의 절반 이상이 수도권 출신이고 다섯 명 중 한 명은 특수목적고 출신이었다. 서울 강남 3구 출신 학생 비중도 점점 늘고 있다. 계층이동의 사다리 구실을 했던 교육이 오히려 계층을 고착화하는 역할을 한다는 주장을 뒷받침한다. 수험생 집안의 가계살림에 따라 수능성적이 나온다는 말이 틀린 말이 아니게 되었다.

우리는 지난 1997년 외환위기의 혹독한 경험을 기억한다. 4만여 개 기업의 도산으로 많은 실업자가 생겨났고, 별다른 직업 훈련시스템의 도움이 없어 졸지에 영세 자영업자가 되어 삶의 현장으로 뛰어든 시기였다.

우리 사회에서 양극화 현상이 본격적으로 심화되고 중산층이 무너지기 시작한 것이다. 중산층이 무너져 사회 격차가 확대되면 사회가 흔들리게 된다. 사회 양극화는 우리만 겪는 문제는 물론 아니다. 최근 미국에서 일어난 '월가를 점령하라' 시위도 청년 실업과 일부 금융회사들의 탐욕이 문제가 되었지만, 그 안에는 소득 불평등 문제가 자리 잡고 있다.

정부·정치권은 우리 사회의 근간을 흔들리게 할 수 있는 사회 양극화 현상을 줄이고 해결하는 데 총력을 기울여야 한다. 많은 국민이 미래에 대해 희망보다 절망을 느낀다면 과연 우리가 선진국으로 가는 의미가 무엇일까 곰곰이 다시 생각해봐야 하지 않을까?

위기에 몰린 이들을 위한 사회안전망

서울 송파구 세 모녀의 자살, 남편 장례비가 없어 이를 비관해 남편을 따라 죽은 아내, 장례비용 10만 원을 남기고 스스로 목숨을 끊은 노인. 위기에 내몰린 빈곤계층의 생계형 자살 사건들이 크나큰 충격을 주며 우리 사회의 복지 현실과 사회안전망을 돌아보게 한다.

집주인에게 '미안하다'는 유서와 함께 세 모녀는 월세공과금 70만 원을 남기고 번개탄을 피운 채 생을 마감했다. 큰딸은 심한 고혈압과 당뇨를 앓았고, 둘째 딸은 신용불량 상태였다. 실질적 가장이었던 60대 어머니가 팔을 다치면서 더 이상 식당일을 할 수 없게 되자 생계위기에 몰린 이들이 선택한 것은 죽음이었다. 해결방법이 없었단 말인가?

경제규모 세계 15위, 7대 무역대국, 물가수준을 감안한 1인당 국민총소득이 3만 달러를 넘었다는 오늘의 대한민국에서 일어나고 있는 이 비극적 현실에 우리는 안타까움을 넘어 자괴감을 금할 수 없다.

대통령은 참담한 심정을 토로하며, 찾아가는 복지서비스의 확대와 복지 사각지대 지원에 힘써줄 것을 당부했다. 그러나 이것이 처음인가? 2011년 공중화장실에 기거하던 삼 남매 사건 때도 마찬가지로 우리는 사회복지제

2014. 4. 10. 《파이낸셜뉴스》

도 현실의 민낯을 보았다.

우리나라의 복지제도 체계는 외형적으로 이미 상당한 틀을 갖추고 있지만 지원의 범위와 대상이 제한적인 탓에 많은 이들이 사회안전망으로부터 소외되고 있다. 우리나라 복지지출 규모는 국민총생산액의 9.4퍼센트로 선진국과 비교해 아주 낮은 수준이다. 미국과 일본의 2분의 1, 북유럽의 3분의 1 수준이다. OECD 30개 회원국의 평균이 21퍼센트이고 한국은 29위로, 멕시코(8.2퍼센트)를 제외하고 최하위 수준이다.

사회복지는 사람이 제공하는 서비스다. 현장인력이 중요한데 그 수가 턱없이 부족한 게 우리의 현실이다. 2007~2012년 복지대상자는 482만 명에서 1250만 명으로 세 배 가까이 증가했다. 복지담당 공무원 한 사람이 담당해야 할 대상자도 212명에서 492명으로 크게 늘었다. 지난해는 과중한 업무부담을 견디지 못해 스스로 목숨을 끊은 복지담당 공무원이 네 명이었다.

세 모녀가 살던 서울 송파구는 주민 3만 5천 명에 복지담당 공무원이 두 명이다. 찾아가는 복지서비스가 가능할까. 맞춤형 복지, 선별적 복지 범위 확대는 인력의 대폭 확충과 함께 관리비용 증액이 선행되어야 한다. 정부가 국민에게 복지를 베풀고 국가의 기본책임을 다하도록 일할 수 있는 여건을 만들어야 한다. 여기에는 큰 정부냐, 작은 정부냐 하는 왈가왈부가 의미 없고 보수·진보의 진영 논리도 다를 수 없다.

기초생활보호대상자에서 부양의무자 제도로 인해 탈락하는 경우가 많다. 오랫동안 소통이 단절되고 만나기도 힘든 가족이 부양의무자로 간주돼 실제로 어렵게 사는 본인은 심사에서 탈락하게 되니 그 절망감으로 극단적인 선택을 하는 경우가 있다. 현재 기초생활보호대상자 135만 명이 기초생활보장비를 수급받고 있지만 수급 사각지대가 117만 명이나 된다는 주장이 있다. 이것이 사실이라면 사각지대라는 표현이 무색할 정도다. 부정수급을 막기 위한 부양의무자 제도가 빈곤 해결의 책임을 국가가 가족에게 떠넘기고 가난의 고통을 가중시키는 족쇄가 되고 있는 건 아닌지 다시 생각해봐야 한다.

복지지출 규모는 국민 부담과 직결된다. 우리나라의 조세부담률과 국민부담률이 각각 19.3퍼센트와 26.0퍼센트(2013년 기준)다. 선진국에 비해 매우 낮은 수준이다. 생계형 자살과 같은 사회 비극을 막기 위해서는 국민적 기본수요 및 최소한의 사회보장을 위한 재정지출이 확대돼야 한다. 물론 정부의 재정지출 합리화를 통한 재원 마련이 선행돼야겠지만 근본적으로 국민들이 더 부담할 수밖에 없다.

'저부담-저복지'로 갈 것인가, '고부담-고복지'로 갈 것인가에 대해 우리 사회가 진지하게 고민해야 한다. 위기에 내몰린 최빈곤 계층이 나락으로 떨어지지 않도록 복지재원을 확대하는 방안을 찾는 데, 더 이상 외면하지 말고 마음을 열고 지혜를 모아 함께하는 사회가 밝은 사회일 것이다.

노인을 위한 나라는 없는가

얼마 전 서울 시내 한 주택가에 '노인요양시설 입주 반대' 현수막이 내걸렸다는 신문기사를 읽었다. 자기 동네에 노인주간보호센터(데이케어센터)가 들어선다는 소식에 주민들이 삶의 질이 떨어질 수 있다는 전단을 돌리고 구청에 진정서를 내면서 집단반발을 하고 나선 것이다.

사람은 너 나 할 것 없이 모두 늙어간다는 진리를 앞에 두고도, 우리의 생활권 안에 불편한 노인들을 위한 작은 공간이 들어오는 것을 받아들이지 못하는 현실이라니 참으로 안타깝다.

인간의 수명이 연장되면서 고령화 사회에 대한 부담과 대책 마련은 모든 선진국이 안고 있는 고민이다. 고령화 속도가 세계에서 가장 빠른 우리나라도 예외는 아니다. 2010년을 기준으로 65세 이상 인구 비중이 전체인구의 11퍼센트이고, 2018년엔 14퍼센트를 상회하는 고령사회로 진입할 것으로 보인다.

그러나 우리나라의 노인복지 수준은 세계 91개 나라 중 67위이며 GDP 대비 노인복지 지출 규모는 OECD 국가 중 두 번째로 낮다. 지금보다도 훨씬 열악했던 우리나라 노인복지 수준이 현행 노인복지제도 운영의 근거가

2014. 8. 12. 《파이낸셜뉴스》

되어 노인장기요양보험제도 도입이 추진된 것도 얼마 되지 않았다.

당시 우리 재정 능력으로는 제도도입이 시기상조라는 반대가 거셌음에도 불구하고, 참여정부 시절 입법이 완료돼 2008년 8월에 비로소 시행되었다. 노인장기요양보험제도는 건강보험·국민연금·고용보험·산재보험에 이어 제5의 사회보장제도가 됐다. 거동이 불편해 일상생활이 어려운 65세 이상 노인과 치매 및 중풍 등으로 일상생활이 불편한 노인 가정을 수발도우미가 직접 방문하거나 전문시설에 입원시켜 병간호를 제공하는 제도다. 가족에게만 짊어지게 했던 짐을 사회가 나눠 '품앗이'하게 된 것이다.

노인장기요양보험법에 따르면 노인주간보호센터는 일정요건을 갖추고 관할구청에 신고하면 설립 운용할 수 있지만 센터에 대한 지역주민들의 인식 부족으로 반대 민원이 많은 것이 현실이다. 막상 개관해 주민들이 센터를 둘러보면 대부분 오해를 해소한다고 한다. 노인주간보호센터는 가정에서 일상생활을 하는 노인들을 위한 재가시설이다. 인지능력은 떨어지지만 거동이 가능한 경증치매 노인들이 낮에만 센터에 머물며 요양간호사나 사회복지사 같은 전문가들의 돌봄 서비스를 받는다. 차량으로 노인들을 센터에 데려오고 나중에 귀가시키며, 인지능력 향상을 위한 미술·음악·놀이치료 등 다양한 프로그램을 운영하여 '노인 유치원'으로도 불린다. 중증치매 노인은 요양병원에 입주해 돌봄을 받고 경증치매 노인은 집에서 다니며 치료받는 맞춤형 관리가 가능한 것이다.

전체 노인인구 613만여 명 중 9.4퍼센트에 이르는 57만 명이 치매로 고통받고 있고, 치매로 인한 사회경제적 비용은 매년 12조 원 이상으로 추정된다. 치매환자의 증가가 이런 추세로 지속되면 앞으로 10년 안에 1백만 명을 넘어설 것으로 예측된다. 우리 모두 노인이 된다. 경증치매 노인을 위한 시설은 오히려 지역주민들이 적극 유치할 법도 하다. 선진국에 가보면 시내 중심에 노인들이 많이 보인다. 도시 한복판에 양로시설이 있기 때문인데 이는 시사하는 바가 크다.

어느 사회든 노인들에게는 사회지분이 있다. 굳이 이것을 따지지 않더라도 노인들은 마땅히 사회로부터 우선적 배려와 보호를 받아야 한다. 우리 생활권 안의 노인시설 건립을 좀 더 따뜻한 시선으로 바라봐야 할 것이다.

여성을 가로막는 유리천장

2014년 갑오년의 해가 밝았다.

120년 전의 갑오년은 우리나라 근대화의 시작이라 할 수 있는 갑오경장이 일어난 해다. '경장'이란 말은 원래 거문고가 소리를 제대로 내지 못할 경우 낡은 줄을 풀어 새 줄로 팽팽하게 고쳐 맨다는 뜻으로 정치·사회적으로 낡은 제도를 고쳐 새롭게 한다는 의미를 담고 있다. 갑오경장은 조선이 구질서에 종지부를 찍고 근대국가의 모습을 갖추고자 한 노력의 발단으로 정치·경제·사회 등에서 대대적인 개혁을 시도했다.

가장 눈에 띄는 것으로 조혼금지 및 부녀자의 재혼 허용을 들 수 있는데 이는 우리나라에서 여성 인권을 염두에 둔 최초의 개혁조치라고 할 수 있을 것이다.

얼마 전 그동안의 관행을 깨고 우리 사회에서 여성들이 진출하기 어렵다는 검찰·금융계에서 여성 검사장, 여성 은행장이 탄생해 화제가 됐다. 최근 미국의 세계적 자동차회사 GM이 여성 최고경영자(CEO)를 지명하면서 '유리천장(Glass Ceiling)'이란 말이 회자되고 있는데 우리 사회에서도 이를 두고 이른바 유리천장이 부서지는 현상이라는 의견이 나오고 있다.

2014. 1. 13. 《파이낸셜뉴스》

'유리천장'이란 1979년 미국 경제주간지 《월스트리트저널》에서 여성 승진의 어려움을 주제로 다룬 기사에 처음 등장한 말이다. 남성 못지않은 능력과 자격을 갖췄음에도 불구하고 여성에 대한 부정적 인식으로 인해 고위직 승진이 차단돼버린 상황을 비판적으로 표현한 말이다.

우리나라는 전통적으로 양성평등 수준이 매우 낮은 사회로 여성들의 사회 진출이 어렵다고 평가되고 있다. 지난해 3월 영국 경제주간지 《이코노미스트》가 발표한 '유리천장' 지수에 따르면 한국은 100점 만점에 15점으로 조사 대상 26개국 중 최하위로 1위를 차지한 90점에 가까운 뉴질랜드와 너무도 큰 격차를 드러냈다. 또 미국의 한 연구기관에서는 한국 대기업의 여성임원 비율이 1.9퍼센트로 45개 조사 대상 국가 중 43위라고 발표했다. 한국 여학생의 대학 진학률(75퍼센트)은 남학생(70퍼센트)보다 높지만 여성 대졸자의 경제활동 참가율은 OECD의 평균 83퍼센트와 비교해볼 때 훨씬 낮은 63퍼센트로 세계 최하위권이라 하겠다.

박근혜 대통령은 대선공약으로 '미래 여성인재 10만 양성 프로젝트'를 내세워 정부의 각종 요직에 여성을 두루 중용할 것임을 약속한 바 있다. 그러나 막상 정부 출범 후 이뤄진 조각과 청와대 인사에서 여성인재의 등용은 기대에 크게 못 미쳤다.

17개 부처 장관 중 여성은 여성가족부 장관과 해양수산부 장관, 두 명에 불과하다. 여가부 장관에 통상 여성이 임명돼왔던 것을 감안한다면 실제로 한 명 증가하는 데 그쳤다고 볼 수 있다. 차관급 55명 중에서도 여성 차관은 세 명뿐이고 청와대 보좌진에 여성 수석비서관은 아예 없다. 공기업과 공공기관도 마찬가지로 30개 공기업의 여성임원 비율이 0.6퍼센트에 불과하고 87개 준정부기관의 여성임원 비율도 12.6퍼센트인 것으로 조사

됐다.

우리 경제에 있어 어려운 문제인 저출산의 가장 큰 원인 중 하나는 여성들이 경력단절을 우려해 출산을 기피하는 데 있다. 또한 육아의 벽을 넘지 못하고 일터를 떠나는 경우도 많다. 이는 국가적으로 큰 손실이 아닐 수 없다.

여성에게 동등한 기회와 권리를 부여해 사회활동에서 그들의 잠재력이 충분히 발휘될 수 있도록 법적·제도적 환경을 조성하는 것은 무엇보다 시급한 과제다.

120년 전의 갑오년은 우리나라 여성들에게 의미가 큰 해였다. 이제 2014년 갑오년의 새해를 맞이하면서 우리 사회가 여성인력을 소중한 자산으로 인식하고 여성들이 역동적으로 사회에 기여할 수 있도록, 여성 진출을 가로막는 우리 사회의 유리천장이 곳곳에서 과감히 부서지는 의미 있는 갑오년이 되기를 바란다.

청년실업, 서비스산업이 답이다

　최근 한 연구기관과 언론사가 공동으로 실시한 '2015 국가정체성 설문 조사' 결과에 의하면 2030세대의 세 명 중 한 명꼴로 대한민국 국민으로 살지 않기를 희망한다고 하니 충격이다. 미래사회를 이끌고 가야 할 우리의 젊은 세대들이 이 땅에서 꿈과 희망을 잃어가고 있다는 현실이 안타깝다.

　2030세대는 대부분 1988년 올림픽 이후 태어나 급속한 경제성장과 국력신장을 목격하고 대한민국을 자랑스럽게 여기면서 자랐다. 그러나 정작 본인들이 대학을 졸업하고도 마음에 드는 직장을 얻지 못하는 현실과 부딪히며 점점 좌절하고 국가와 사회에 실망하게 된 것이다.

　한국 경제는 1960년대 초 경제개발을 시작한 이래 1990년대 중반까지 매년 평균 7퍼센트 이상의 경제성장률을 기록하며 연간 50만 개 이상의 새로운 일자리를 만들어 신규 노동력을 흡수해왔다.

　1997년 외환위기 속에서도 비교적 건실한 성장을 해왔던 한국 경제가 2000년대 들어서 '고용 없는 성장'을 겪는 가운데 청년실업 문제가 심각하게 떠올랐다. 그 요인을 크게 제조업의 생산성 향상과 낙후된 서비스산업

2015. 9. 24. 《파이낸셜뉴스》

에서 찾을 수 있다.

외환위기 이후 제조업은 전 산업에서 가장 높은 생산성을 보이며 성장하는데 고용은 오히려 줄어드는 현상이 나타났다. 제조업 투자가 제조 공정의 기계화·자동화로 바뀌고, 적은 노동력으로도 생산력 제고가 가능해진 것이다. 기업으로서는 국제경쟁력을 확보하는 데 불가피한 선택이라 하겠다.

제조업 취업 비중이 2004년 전체 취업자 중 18.5퍼센트에서 2014년 16.9퍼센트로 줄어들었다. 앞으로도 꾸준히 감소할 것으로 보아 이제 제조업에서 만족할 만한 고용창출을 기대하기는 어렵게 되었다.

2000년대 들어와 일자리는 주로 서비스업에서 늘고 있지만 우리 서비스산업은 양적·질적인 면에서 낙후돼 있다. 경제 전체에서 차지하는 비중은 59퍼센트로 미국 78퍼센트, 영국 79퍼센트, 일본 73퍼센트와 크게 차이가 나며 생산성도 미국의 50퍼센트가량으로 질적으로도 크게 떨어진다.

우리나라 서비스산업은 주로 도·소매업, 음식·숙박업이 대종을 이룬다. 그동안 새로운 일자리가 주로 여기서 만들어졌으나 '양질의 일자리(Decent Jobs)'는 많지 않다.

요즘 젊은이들이 선호하는 의료·교육·금융·법률·회계·디자인 등의 서비스 분야 일자리도 적다. 금융기관의 취업률은 무려 수백 대 일에 달한다. 정보처리, 연구개발 등 과학기술 서비스 분야 고용은 서비스 전체 고용의 5퍼센트 미만이다. 보건·사회복지·공공행정·사회보장 서비스 분야도 비슷하다. 선진국들은 이런 서비스 분야를 육성해 일자리를 대폭 늘리고 있다.

우리의 서비스산업 발전이 미미하다는 것은 역으로 이 분야에 많은 일자리 창출이 가능하다는 것을 의미한다. 일자리 창출 규모 면에서 볼 때도 GDP가 10억 원 늘어나면 제조업 일자리가 9.3명 창출되는 데 반해 서비스업은 16.3명이나 창출된다.

내년부터 정년이 60세로 연장된다. 기업들은 신규채용에 소극적으로 나올 것이고, 116만 명에 이르는 청년실업(실업률 10.2퍼센트) 문제는 더 심각해질 것이다.

그동안 거론돼오던 대기업의 청년고용 확대, 임금피크제 도입, 청년실업펀드 조성에도 한계가 있다. 지금 같은 경제구조 환경에서 일자리 창출의 궁극적 해결 방책은 서비스산업 육성밖에 없다.

정부도 서비스산업 육성을 위해 노력해오고 있지만 '서비스산업발전 기본법'이 이런저런 이유로 국회에 계류 중이고, 구체적인 정책 추진이 안 되고 있다.

일자리 창출은 국민의 먹고사는 문제다. 정치권의 당리당략이나 이념에 얽매여서는 안 된다. 정치권은 청년실업 해소를 위해 젊은 세대의 '양질의 일자리'를 만드는 일에 더욱 적극적인 자세로 임해야 한다.

청년이 원하는 일자리

지난 9월 17일 뉴욕 주코트 공원에서의 청년시위는 소셜 네트워크 서비스(SNS)를 통해 급격히 세를 불리며 미국 전역으로 확산되어 많은 국가로 번져갔다. 지난 10월 15일에는 전 세계적으로 집회가 개최되었고 우리나라에서도 금융기관이 밀집한 여의도 등에서 일부 시위가 있었다.

처음 이 시위는, 2008년 서브프라임 사태를 유발하여 붕괴위기에 빠졌던 골드만 삭스 등 대형 금융회사들이 공적자금을 받아 겨우 소생한 뒤 막대한 보너스파티를 벌인 데 대한 항의에서 출발했다. 손실은 공유화하고 이익은 사유화하는 대형 금융회사들의 모럴해저드와 더욱 심각해지는 빈부격차에 대한 불만이 밖으로 표출된 것이다. 국민 다수의 지지를 받으면서 시위가 확산된 이면에는 계속 어려워지는 경제상황에 따른 실업문제가 있었으며, 특히 20퍼센트에 달하는 청년실업의 당사자인 미국 젊은이들이 직접 나선 것이었다.

미국을 비롯한 전 세계에서 일어나고 있는 현상을 보면서 우리에게도 이것이 현실로 다가오지 않을까 걱정이 앞선다. 우리나라도 청년실업이 심각하기는 마찬가지다. 많은 대학졸업자가 취업을 하지 못하는 현실을 볼 때

2011. 10. 20. 《경인일보》

체감 실업률은 정부의 청년실업통계 발표와 크게 차이가 날 수밖에 없다.

최근 우리 경제는 세계화, 정보통신 기술의 발달, 지식기반 사회로의 급속한 이전으로 성장과 고용 간의 연계가 약화되고 있다. 따라서 과거와 달리 성장을 해도 일자리가 늘어나지 않는다. 특히 4만 개 기업이 도산한 1997년의 외환위기 이후 비정규직, 영세 자영업자가 급증하면서 일자리의 질도 취약해졌다. 매년 6만 개 정도의 일자리가 제조업 부문에서 사라지고 있는데 오늘날의 자동화, 기계화, 생력화를 위한 제조업 투자가 결국 인력을 줄이는 결과로 나타나는 것이다.

우리의 경우 노동시장에 진입하는 신규인력을 위해서는 매년 50만 개 정도의 새로운 일자리가 필요하다. 그동안 제조업에서 없어진 일자리를 서비스부문에서 채워오고 있었다. 우리나라 서비스부문은 음식·숙박업이 큰 비중을 차지하고 있어 젊은이들이 선호하는 양질의 일자리와는 거리가 멀다. 70만 명의 외국 근로자들이 이 업종에서 일하기 위해 와 있다는 사실이 이를 대변해준다. 그렇다면 양질의 일자리는 어디에서 나올까? 의료·교육·법률·회계·물류·정보통신 분야일 것이다.

제조업과 비교할 때 서비스 분야가 일자리 창출이 훨씬 용이하다. 10억 원을 투자했을 때 제조업 분야에 9.4명의 신규 고용이 발생한다면 서비스 분야에서는 18.5명이나 발생한다. 그러나 경제개발 초기부터 제조업 중심의 공업화로 인해 우리나라에선 전통적으로 서비스부문의 성장이 상대적으로 취약하였다. 국민총생산에서 차지하는 서비스산업의 비중은 60퍼센트 수준으로 선진국의 80퍼센트 수준과는 큰 차이가 난다. 또한 서비스산업의 노동생산성은 OECD 국가 중 가장 낮은 수준이며 고용 비중이 높은 도소매·음식·숙박업은 과당경쟁 상태이다. 부가가치가 높은 대표적인 업종인 교육·의료 서비스에는 높은 진입 규제가 존재한다. 정부도 일자리 창출을 위해 성장 가능성과 고용창출 효과가 높은 의료·교육·연구 개발(R&D)·콘텐츠 미디어를 유망서비스 분야로 선정하고 육성하는 정책을 추진하고 있으나 그 성과는 아직 미미하다.

우리가 미국과 FTA를 추진한 것은 수출 확대에도 목적이 있지만 세계 최고 수준의 서비스산업 경쟁력을 가진 미국과의 경쟁·협력으로 우리 서비스산업의 경쟁력을 키우는 효과 역시 기대하기 때문이다. 최근에 우리나라를 방문한 2010년 노벨 경제학상 수상자인 영국 런던 정치경제대학교의 크리스토퍼 피서라이즈 교수도 어려운 경제를 풀어가기 위해서는 고용창출에 해법이 있으며, 이를 위해 서비스산업 육성이 중요함을 강조한 바 있다.

계속되는 유럽의 재정위기 속에서 세계로 번져가는 시위가 결코 강 건너 불이 아닌, 우리가 당면한 시급한 문제라는 인식을 갖고 젊은이들을 위한 일자리 마련에 모든 지혜를 모아야 할 때이다. 그것만이 우리 사회의 안정과 번영을 가져올 것이다.

사회적 자본이란 무엇인가

다이아몬드 거리라 불리는 미국 뉴욕의 47번가에는 2천6백여 개의 보석상이 있다. 전 세계 다이아몬드 거래량의 절반 이상이 거래되는 곳이다. 대부분이 유대인인 이곳 전문보석상은 보석의 양과 품질, 사고 발생 시 보상 문제에 대한 어떠한 계약서나 각서도 주고받지 않고 거래를 한다. 이들 사회의 축적된 상호신뢰와 관행 위반 시 제명되는 엄격한 규범의 네트워크가 사회적 자본이 되어 '악수 계약'을 가능케 한 것이다.

하버드대 로버트 퍼트넘 교수에 따르면 사회적 자본(Social Capital)이란 '상호이익을 위한 협력과 조정을 용이하게 하는 사회적 특성', 즉 사람들이 서로 믿고 협동심을 발휘하게 만드는 신뢰·규범·네트워크 등 사회적 맥락에서 발생하는 일체의 무형자산을 의미한다. 그는 동일한 양과 질의 노동과 자본을 생산요소에 투입하고서도 다른 성과가 나오는 이유를 추적하는 과정에서 사회적 자본에 관심을 갖게 되었는데, 이를 국가에 적용하면 사회적 자본의 축적 여부에 따라 선진국과 개발도상국으로 나뉜다고 보았다.

세계은행 수석 연구원인 스티븐 낵은 세계 40여 개국에 대한 광범위한

2012. 6. 28. 《경인일보》

조사 결과 사회적 자본이 높은 나라의 경제성장률이 더 높다는 사실을 확인했고, 동일한 조건에서 국가 신뢰지수가 10퍼센트 높아지면 경제성장률이 0.8퍼센트 상승한다는 결론을 이끌어냈다.

1960~2008년 기간 중 한국 경제의 실질GDP 규모는 31배 증가하였다. 같은 기간 중 세계GDP 규모가 여섯 배 증가한 것과 비교한다면 실로 엄청난 압축성장을 한 것이다. 경제성장 요인은 크게 노동투입, 자본투입, 생산성 요인으로 나눠볼 수 있는데 우리나라의 경제성장은 1990년대 초까지는 노동과 자본 등 요소투입에 의한 경제성장으로 나타난다. 즉 인적자본·물적자본에 의존한 성장인 셈이다.

우리나라는 이미 저출산·고령화 사회로 진입하여 앞으로는 노동투입에 의한 성장은 기대할 수 없게 되었다. 자본의 한계효율도 저하되고 있어 추가 자본투입에 의한 성장도 과거와 같을 수 없다. 따라서 우리 경제의 지속적 성장을 위해서는 생산성을 크게 높일 수밖에 없다.

『신뢰(Trust)』의 저자 프랜시스 후쿠야마의, 선진경제가 되기 위해서는 법과 제도, 인적·물적 자본만으로는 부족하며 충분한 사회적 자본이 확보돼야만 한다는 주장이 한국 경제에도 적용되겠다. '제3의 자본'으로서 사회적 자본의 확충이 선진경제를 향한 우리에게는 매우 중요한 과제일 것이다.

이미 대통령선거 분위기가 고조되고 있고 유력 대선후보 진영에서는 유권자에게 제시할 정책공약을 준비하고 있다. 언론은 대선의 최대 정책 이슈로서 복지, 경제민주화 등을 들고 있으나 우리 경제의 지속 성장을 위해서는 '사회적 자본 확충'도 이에 못지않은 주요한 정책 이슈 중 하나로 다루어져야 한다고 본다. 우리가 선진국이 되느냐 마느냐를 가름하는 중요한 향후 5년을 책임지는 지도자라면 사회적 자본 확충이라는 비전을 국민에게 제시할 때이다.

유럽의 금융위기 한가운데서도 성장과 복지 간의 선순환을 이루며 나가는 북유럽 국가(스웨덴·노르웨이·핀란드·덴마크)에 대한 관심이 점차 커지고 있다. 이들 국가가 성공한 원인으로 건실한 재정, 일하는 복지, 성장동력 투자 등을 꼽을 수 있지만 오랜 기간 축적한 튼튼한 사회적 자본 역시 결정적이었다고 전문가들은 입을 모은다. 핀란드의 사회협약, 스웨덴의 고용안정을 위한 산업협약이 대표적이다. 요즈음 우리 사회에서 많이 언급되는 '스웨덴 모델'에서 복지만 논의되고 그 사회를 이끌어가는 핵심제도인 '옴부즈만 제도'라는 무형자산에 대한 언급이 없는 것은 매우 안타까운 일이다.

지난해 일본 후쿠시마 원전 사고 때 일본 국민이 보여주었던 침착한 행동과 양보하고 배려하는 모습에 세계적 유력지인 《파이낸셜타임스》는 일본의 사회적 자본의 깊이와 저력을 높이 평가한 바 있다. 만약 똑같은 상황이 우리에게 일어난다면 과연 어떤 평가가 한국인에게 주어질까 궁금하다. 선진국으로 향하는 우리의 선결과제들이 무엇인지 생각해보는 요즈음이다.

투명한 사회로 가는 한 걸음

 2016년 9월 28일 우리 사회의 큰 변화를 예고하는 '부정청탁 및 금품 등 수수의 금지에 관한 법률(김영란법)'이 드디어 시행됐다. 국민권익위원회의 기준에 따른 적용대상 기관이 총 40,919개, 관련 대상이 4백만 명으로 추산되며, 조직문화와 사회 분위기에 일대 변화를 가져다줄 것으로 보인다.

 김영란법은 2012년 8월 국민권익위원회가 공직사회의 구조적 비리를 없애자는 목적에서 처음 발표했고, 작년 3월에 국회 본회의를 통과했다. 그러나 국회 심의과정에서 '부정청탁 및 금품수수 금지'와 '이해충돌 방지' 부분에서 국회의원이 관련된 이해충돌 방지 부분은 빠지고 대신 언론사와 사립학교 관계자를 포함시킨 것에 거센 비판이 일었다. 배우자의 불법 사실을 신고하도록 한 의무조항에 대해서도 부정부패 해결을 명분으로 하여 사회상규까지 국가 형벌권의 감시망에 두는 것은 바람직하지 않다는 등 반론이 커지면서 헌법소원이 제기되어 마침내 헌재의 합헌 결정이 내려졌다.

 헌재는 국가사회에 영향력이 큰 언론과 교육 분야 종사자들의 청렴성은 공직자와 같이 높아져야 한다는 이유에서 법 적용대상에 포함한 것은 정

2016. 9. 29.《파이낸셜뉴스》

당하다고 판단했다. 또한 국가권력의 자의적 법 집행과 남용으로 언론자유 등이 위축될 수 있다는 주장에 대해서는 일부 인정하면서도 과도기적 우려로 염려나 제약에 따라 침해되는 사익이 김영란법이 추구하는 공익보다 클 수는 없다고 판단했다.

광범위한 부패방지 법안으로 평가되는 김영란법이 접대문화가 비일비재한 우리 사회 분위기를 감안할 때 당분간 경제에 미칠 손실을 무시할 수는 없다. 지난해 접대비로 사용된 카드 결제 규모가 11조 7천억 원에 이른다. 김영란법 시행에 따른 소비 위축이 가져올 경제적 영향은 불가피하겠다. 그러나 우리 사회의 청렴도 상승에 따른 국제경쟁력 향상과 이에 따른 경제효과를 기대할 수 있기에 선진국으로 가는 데 반드시 필요한 법이라는 주장을 반박할 수 없다. 부정부패만 없어도 연평균 성장률이 0.6퍼센트 포인트 높아진다는 전문 연구기관의 분석이 이를 뒷받침한다.

한국의 부패지수는 세계 168개국 중 37위로 OECD 34개국 중 27위이다. 세계 10위권의 경제력을 지닌 한국이 경제 규모, 인적자원의 질, 복지 수준, 정치·사회 시스템, 문화 수준에서 선진국의 요건을 갖춘다 하더라도 부패지수가 하위권에 머물러 있다면 아무도 우리를 선진국으로 인정하지 않을 것이다.

김영란법의 내용이 복잡하고 경우의 수가 많아서 시행 초기 혼란이 예상되지만 이제 우리 사회는 '가보지 않은 길, 그러나 가야 할 길'로 들어섰다. 가야 할 길을 선택한 이상 김영란법의 조기 정착에 힘써야 한다.

정부는 김영란법의 보다 정교한 가이드라인을 제시하고 혼선과 부작용의 최소화에 세심한 노력을 기울여야 한다. 대상자들에 대한 철저하고 지속적인 교육을 이어나가고 피해 산업이나 업종에 대한 지원대책도 강구해야 한다. 아울러 향후 법 개정을 통해 이번에 빠진 '이해충돌 방지'에 대한 적극적인 재검토가 이뤄져야 할 것이다.

부패가 없는 깨끗한 사회는 우리 모두가 바라는 사회다. 김영란법이 사회 전반에 걸쳐 잘 정착됨으로써 우리 사회에 공정하고 투명한 분위기가 뿌리내릴 수 있기를 기대한다.

자본주의의 변화를 고민할 시간

매년 1월 하순이면 기다려지는 토론의 장이 있다. 스위스의 유명한 스키리조트인 다보스에서 개최되는 세계경제포럼(The World Economic Forum), 다보스포럼이 그것이다. 나는 스위스 제네바에서 일하던 1999년에 참석한 이래 매년 관심을 갖고 지켜보고 있다. 지난 1990년대엔 '세계화(Globalization)', 2000년대 들어와서는 '기후변화(Climate Change)'를 세계적인 어젠다로 주목하게 된 것도 이 포럼을 통해서였다. 세계의 흐름을 먼저 읽고 제시한다는 것이 다보스포럼의 중요한 역할이다.

금년 42차 포럼에도 100여 개국에서 세계적인 정계·관계·재계 인사들 2천5백 명이 한 주 동안 각자에게 필요한 영감을 얻기 위해 참석하였다. 그동안 다보스포럼은 '신자유주의'와 '세계화'를 지지해온 것에 대해 미국식 자본주의에 일관되게 초점을 맞추고 있다는 비난을 받기도 했다. 금년 다보스포럼의 주제는 '거대한 전환: 새로운 모델 형성'이다. 2008년 세계 금융위기 이후 강력하게 제기된 자본주의의 문제점과 지난해 '월가 점령운동'에서 제기한 '금융기관의 탐욕'과 '1퍼센트 대 99퍼센트'로 상징되는 소득불균형의 심각성을 인식한 것으로 해석할 수 있다.

2012. 2. 9. 《경인일보》

《파이낸셜타임스》도 다보스포럼을 앞두고 '자본주의의 위기'를 특별 시리즈로 다룬 바 있다. 빌 클린턴 전 미국 대통령, 경제학자, 기업가, 작가 등 세계적인 저명인사들이 특별기고를 통해 위기에 처한 자본주의를 개선하기 위한 의견을 제시했다. 다양한 의견들 가운데서도 20세기의 자본주의가 21세기에도 작동되기 위해서는 소득 격차 해소 등의 개선 없이는 위기를 극복할 수 없다는 데 공감하고 있다.

주요 인사들의 발표와 토론 역시 자본주의 위기의 해법에 초점이 모아졌다. 신자유주의 아래 기존의 자본주의는 개인의 창의력을 발휘하고 물질적 풍요를 이루는 데 성공적이었으나, 세계 인구의 20~30퍼센트의 낙오자를 양산하는 심각한 불평등은 기존 체제의 지속가능성에 대한 회의와 우려의 목소리를 높이게 했다. 다보스포럼 창립자인 클라우스 슈밥은 "자본주의 체제는 포용성이 부족했다", "우리는 죄를 지었다"라고 말하기도 했다.

기존의 자본주의 시스템을 어떻게 설계해야 할지 구체적인 방법론으로 들어가며 많은 의견이 제시되기도 했는데, 신뢰를 상실한 영미식 모델을 중국 등 국가자본주의 체제로 대체해야 한다는 주장에서부터, 미래의 자본주의는 현재의 서로 다른 자본주의 체제가 경쟁하면서 스스로 진화해갈 것이라는 견해까지 다양하게 나왔다.

이 같은 기존 자본주의 체제에 대한 논의는 우리에게도 중요한 시사점을 던져준다. 날로 악화되는 소득분배, 계층이동의 어려움 등 심화되는 우리 사회의 양극화와 중소·대기업 간 불균형, 청년실업을 비롯한 우리 경제·사회의 구조적 문제에 대한 우려가 커지고 있기 때문이다.

최근 일부 대기업 친인척의 빵집·커피점 경영에 대한 비판이 증폭되고 정치권에서는 경제력 집중, 일감 몰아주기, 순환출자 개선 등 대기업 개혁에 강한 의지를 드러내는 것을 보면 다가오는 총선·대선에서 여야 모두 대기업 정책을 주요 공약으로 제시할 것으로 보인다. 우리 경제체제가 낳은 대기업의 구조와 불공정 행위의 개선도 필요하지만 경제의 큰 축인 대기업의 역할에 대한 정당한 평가도 병행되어야 할 것이다.

우리도 세계적인 흐름인 기존 경제시스템의 개선 논의를 정치권, 정부, 노사 및 각계 전문가들이 참여하는 한국판 다보스포럼을 만들어 대안을 만들어가면 어떨까 생각해봤다. 자본주의의 역사가 짧은 우리로서는 미국과 유럽의 주요 국가가 경험한 시행착오를 피해 우리 실정에 가장 잘 맞는 시스템을 만들어가는 게 중요하기 때문이다.

도전하는 청년들을 위하여

우리 사회 청년들의 무력감을 상징적으로 표현한 말로 3포세대(연애, 결혼, 출산 포기)라는 용어가 등장하더니 최근에는 내 집 마련과 인간관계까지 포기한다는 5포세대까지 등장했다.

청년들의 삶이 이렇듯 갈수록 팍팍해지는 것은, 일시적인 경기 변동적 요인 때문이 아니라 그동안 우리가 추구해온 패스트팔로어(Fast Follower) 전략이 한계에 도달하면서 경제 활력이 약화된 구조적 요인이라 보아야 한다.

정부는 수년 전부터 경제 활력을 회복하고 청년들의 실업문제를 극복할 수 있는 대안으로 청년창업 활성화를 강조하고 있다. 그러나 현실은 혁신적인 아이디어와 기술력에 바탕을 둔 창업보다는 취업의 대안이자 도피처로 음식점·소매점 등 생계형 창업을 선택하는 경우가 많다. 어쩔 수 없는 창업 선택이 아니라 청년들이 스스로 자신이 하고 싶은 일을 선택하여 마음껏 펼치게 하기 위해서는 무엇보다 환경조성이 중요하다 하겠다.

신용보증기금은 혁신적인 청년 창업가들에게 용기를 북돋고 꿈과 희망을 실현할 수 있도록 도와주는 든든한 동반자로서, 이러한 환경조성을 위

2020. 3. 《서울상대 동창회보》

한 기관의 소임에 최선을 다하고 있다. 무엇보다 청년 창업가들의 신용보증을 지원할 때, 창업 실패에 대한 두려움을 낮춰주기 위해서 창업자 개인의 연대보증을 면제하고 있다. 그간 창업 실패 이후 새로운 시작을 가로막는 족쇄가 되어왔던 것을 과감히 철폐함으로써 더 많은 청년들이 창업에 도전할 수 있도록 돕고 있는 것이다.

또한 신용보증기금의 '퍼스트 펭귄보증'은 혁신적인 아이디어로 창업을 꿈꾸는 청년들이 사업자금 부족으로 인해 자기 꿈을 포기하지 않도록 모험자본을 적극적으로 지원한다. 수많은 펭귄의 무리 중에서 가장 먼저 바다에 뛰어드는 펭귄처럼 미래에 과감히 도전하는 창업기업을 지원하는 보증이다. 현재는 비록 매출액이 없거나 이익이 나고 있지 않더라도 비즈니스모델의 혁신성과 미래 성장성을 기반으로 신용보증을 지원하는 대표적인 제도이다.

한편으로 우수한 청년 인재들이 창업 성공이라는 꿈에 더욱 가까이 다가설 수 있도록 신용보증기금의 서울 마포 구사옥을 청년창업 전문 보육공간인 'FRONT 1'로 새롭게 조성하고 있다. 청년들이 창업한 혁신기업이 성공하려면 창업 멘토링부터 아이디어 교류, 자금조달까지 한 곳에서 이루어질 수 있게 하는 지리적 뭉침(agglomeration)이 필요하다. 이를 위해 금융위원회와 신용보증기금이 합심하여 서울의 교통요충지라 할 수 있는 마포에 국내 최대규모의 청년창업 전문 보육공간을 2020년 6월에 개소할 예정이다.

'FRONT 1'은 프랑스의 세계 최대규모 스타트업 인큐베이터인 '스테이션 F'와 유사한 약 1만 평 규모로 조성될 계획으로, 향후 3백여 개 청년 창업기업들의 꿈과 희망이 한데 모아지는 '젊음과 혁신의 핫플레이스'이자 신촌

대학가와 여의도 금융권과의 긴밀한 연계를 통한 '청년창업 클러스터'로 자리매김하게 될 것이다.

　꿈과 희망은 도전하는 자만이 품을 수 있는 특권이다. 극심한 취업난으로 경제적 어려움을 겪고 있는 우리 사회의 청년들이 신용보증기금의 후원을 든든한 버팀목으로 삼아, 실패를 두려워하지 않는 용기를 가지고 비상할 수 있기를 기대해본다.

기후변화 대응 동참의 의미

어니스트 헤밍웨이의 「킬리만자로의 눈」으로 더욱 유명해진 아프리카 최고봉인 킬리만자로 정상에는 눈이 조금밖에 남아 있지 않다고 한다. 그마저 2020년께는 사라질 것이라니 아직 그곳을 여행하지 못한 이들의 마음을 바쁘게 만든다.

북극해, 그린란드, 알프스, 히말라야, 안데스산맥 등의 빙하가 빠르게 녹아내리며 해수면이 상승하고 있다. 태평양 도서국가 투발루는 2050년께 바다 밑으로 가라앉을 것이라 한다. 산업혁명 이후 빠른 공업화, 산림 파괴는 온난화의 주원인이 되는 이산화탄소 배출을 급증시키며 지구 기온을 상승시키고 있다. 지구 온도는 4.6도 올랐고 폭염, 폭우, 생물 다양성 감소 등 지구 곳곳에서 여러 이상 현상이 나타나고 있다.

많은 전문가들은 석탄 같은 화석연료를 지금처럼 계속 사용할 경우 2100년께 지구가 파국을 맞게 될 것이라는 끔찍한 경고를 한다. 심각한 기후변화에 유엔이 나섰다. 1992년 유엔 주도로 브라질 리우데자네이루에서 기후변화협약(United Nations Framework Convention on Climate Change)이 채택돼 1994년 3월에 발효됐다.

2015. 7. 30. 《파이낸셜뉴스》

온실가스 배출의 역사적 책임이 선진국들에 주로 있음을 지적하고 즉각 조치를 취할 것을 기후변화협약은 강조한다. 선진국들의 구체적 온실가스 감축 의무량 제시는 2005년 2월 발효한 교토의정서에 의해 규정된 바 있다.

이후 2009년 주요 8개국(G8) 정상회의, 유엔기후변화 정상회의, 2010년 제16차 기후변화협약 당사국 총회에서는 2100년까지의 기온 상승을 산업화 이전에서 2도로 억제하자는 합의를 이뤘다.

국제적인 흐름에 따라 우리도 2007년 기후변화 대응 신국가전략을 본격적으로 수립하고 국내 탄소배출권 시장, 탄소펀드 조성과 기술개발 노력 강화를 발표함으로써 기후변화에 대한 대응 노력을 본격화했다.

올해 12월 프랑스 파리에서 개최되는 제21차 기후변화협약 당사국 총회는 2020년까지의 교토체제에 이어 2020년 이후를 적용대상 기간으로 하는 '신기후체제'를 출범시킬 예정이다. 이를 위해 각국 정부는 '2020년 이후 온실가스 감축목표'를 9월 말까지 유엔에 제출해야 한다.

한국은 세계에서 일곱 번째로 많은 이산화탄소를 배출하고 1인당 온실가스 배출량이 세계평균 두 배인 국가다. 우리 정부는 지난 6월 30일 2030년 배출전망치 대비 37퍼센트를 감축한다는 자발적 기여방안을 유엔기후변화협약(UNFCCC)에 제출했다. 국내 감축 25.7퍼센트, 국외 감축 11.3퍼센트로 감축량의 3분의 1가량을 국제탄소시장을 통해 충당한다는 것인데 국내 경제계의 반발이 커서 산업부문에서는 12퍼센트만 감축하기로 했다.

지난 MB 정부가 우리의 현실을 충분히 감안하지 않은 채 국제사회에 한 약속의 결과라는 비판도 있다. 정부는 앞으로 부문별로 구체적인 감축

계획을 수립함에 있어 경제계를 비롯한 이해당사자들의 의견을 충분히 수렴하면서 기후변화 대응을 저탄소 경제로 가는 혁신의 기회로 삼아야 할 것이다. 온실가스 감축이 미진한 국가들의 수출 상품에 관세를 부과하자는 움직임에도 적극 대응해야 한다.

그러나 우리 스스로 국가 위상에 걸맞게 인류의 미래를 위한 기후변화 대응에 능동적으로 동참하는 책임 있는 자세가 바람직하다. 기후변화 문제는 환경을 넘어 생존의 문제가 됐다. 수익과 손실을 넘어 생각할 때가 온 것이다. 세계 최대 탄소배출국으로 그동안 기후변화 대응에 소극적 입장을 견지해오던 중국도 지난달 30일 예상외로 과감한 감축 계획안을 유엔에 제출했다.

우리 정부가 이번 12월 파리회의에서 '신기후변화 대응체제'가 성공적으로 합의될 수 있도록 선진국과 개도국 간 가교역할을 충실히 수행하는 기회를 만들기를 기대해본다.

기후변화 대응은 짐이 아니다

　지인들을 만날 때 기후변화를 화제로 올릴 기회가 종종 있는데 그 반응이 무척이나 다양하다. 지금 당장 대응해야 한다는 의견도 있지만 대다수는 아직 지구 온난화라는 문제가 직접 와 닿지 않는 것처럼 보인다.

　바닷물 수위 상승으로 수몰 위기에 처한 남태평양 섬나라 투발루의 운명을 알고 있는 사람들조차 '안타깝기는 하지만 우리와는 직접 상관이 없는' 국지적 현상으로 넘기고 만다. 지구 온난화가 되면 겨울이 따뜻해지니까 나쁠 게 없다는 대답부터, 아직 우리나라는 의무감축국도 아닌데 경제에 부담을 주면서 일부러 먼저 나설 필요가 있겠느냐는 반응까지 있다.

　과연 그런가? 한반도 평균기온 상승으로 사과 재배 한계선이 영월까지 북상하고, 전남 보성에서 자라던 녹차가 남한 최북단인 고성까지 올라오는 등 농작물 지도가 바뀌고 있다. 자연재해로 인한 피해액도 10년마다 세 배 이상씩 늘고 있고, 심지어 아열대성 전염병인 말라리아 환자가 1994년 여섯 명에서 2006년 2,051명으로 급증하는 등 국민의 건강까지 위협하고 있는 실정이다.

　기후적인 측면에만 영향이 있는 것도 아니다. 경제·산업 분야에서도 배

2007. 12. 18.《한겨레신문》

출가스 규제로 인해 자동차·반도체 등 우리나라 주력 수출품들에 대한 무역규제가 현실화되고 있다. 이는 기후변화 문제가 환경의 사안을 넘어 친환경 제품을 둘러싼 치열한 선점 경쟁을 예고한다는 것이기도 하다.

내년부터는 교토의정서에 따라 선진국들이 2012년까지 1차 온실가스 감축에 나서게 된다. 지난주 인도네시아 발리에서 끝난 기후변화 당사국 총회에서는 포스트 교토체제, 즉 2013년 이후 온실가스 의무감축에 대한 논의가 시작되었다. 나라별 구체적인 감축 부담 여부는 아직 정해지지 않았지만, 감축이 자발적이냐 비자발적이냐의 차이일 뿐 선진국·개도국 모두 온실가스를 줄여야 한다는 데는 의견을 같이하고 있다. 우리나라의 경우 최근 국제 논의 동향, OECD 회원국으로서의 지위, 그리고 온실가스 10대 배출국이라는 점을 고려할 때 2013년 이후에는 의무부담 회피가 어려워질 전망이다.

정부는 이런 국내외적 현실을 직시하여 내년부터 5년 동안 기후변화에 대응하기 위한 종합대책을 마련했다. 이번 대책은 1999년부터 시작된 세 차례의 대책보다 실질적이고 구체적인 내용을 담았다. 먼저 기후변화대책에 대한 로드맵을 조속히 수립해 불확실성을 해소하는 한편 기후변화대책법(가칭)을 추진해서 실효성을 높일 계획이다. 특히 정부는 기후변화가 단순히 우리나라에 부담이 된다는 인식에서 벗어나, 향후 우리 경제의 지속가능한 발전을 위한 기회로 삼고자 신재생에너지를 포함한 친환경기술 분야에 대한 투자도 확대했다.

일각에서는 산업계의 부담으로 이어지지 않을까 하는 우려가 있는 것도 사실이다. 그러나 기후변화에 대한 대응은 국제적 감축 노력에 동참한다는 측면을 차치하고서라도 우리 경제의 생존과 지속가능한 발전을 위해 우리 스스로가 먼저 나서야 한다. 앞서 언급한 기후변화의 악영향에 대응하기 위해서도 그렇고 선진국들의 주요 제품에 대한 무역규제 움직임을 보아서도 그렇다. 무역규제는 국내적으로 일자리 창출 문제와 직결되며, 배출권을 거래하는 탄소시장 규모도 2010년에 30조 원에 이를 전망이다. 먼저 대응하는 것이 비용 부담을 최소화할 수 있고 기후변화로 인한 새로운 시장 선점에 유리하다.

기후변화 문제는 단기적으로 보면 부담으로 와 닿을 수 있지만 조기에 적극적으로 대처한다면 우리 산업의 성장동력으로, 그리고 일자리 창출의 중요한 원천으로 활용할 수 있다. 위기를 넘어 새로운 기회로 활용하는 지혜가 필요한 때다.

새 역사를 쓰다

이제 대한민국은 G20 국가로서 세계가 당면한 문제에 대한 어젠더 세팅에 당당히 참여할 수 있게 됐다. 이와 함께 기회가 될 때마다 개도국들의 입장을 전달하는 가교역할을 충실히 한다면 국제사회에서 우리의 역할은 더욱 커질 것으로 확신한다. 이것이 도움을 받던 나라에서 원조 공여국으로 성장한 세계 유일의 나라로서 우리의 소임이 아닐까.

한국의 개발도상국에 대한 역할

지난주 베트남 하노이에서 열린 '경제발전 경험 지식공유사업(KSP) 최종발표회'에 한국 측 대표 단장으로 참가했다. 회의 기간이 제11차 베트남 공산당 전당대회 기간이었음에도 베트남 기획투자부와 재무부, 연구기관은 물론 IMF 같은 국제기구도 참여했고, 현지 언론 역시 많은 관심을 보였다.

최근 베트남은 공기업인 조선회사 비나신의 부채 상환 문제로 국내외적으로 관심을 받고 있다. 비나신의 부채 처리 문제는 베트남 정부의 주요 현안으로 부상했다. 비나신은 2007년 해외에서 조달한 6억 달러 차입금 중 지난해 12월 20일 상환이 도래한 6천만 달러를 상환하지 못해 채무불이행 상태에 있다. 채권단은 비나신의 채무이행 능력에 회의적이라 베트남 정부의 부담을 요구하고 있지만 공기업의 도덕적 해이와 외환보유액 감소로 베트남 정부는 소극적인 입장이다.

만일 비나신의 부채 문제로 채권단 손실이 확대되면 베트남의 신용등급 하락으로 자금조달이 어려워지고 해외로 자금유출이 늘어나면서 베트남 경제의 리스크 요인이 될 것으로 보인다. 최근 베트남 정부가 운영자금을

2011. 1. 19. 《매일경제》

지원할 것이라는 소식이 전해지고 있기는 하지만 현지에서는 비나신 처리 방향이 이번 공산당 전당대회에서 공기업에 대해 어떤 개혁조치가 나오느냐에 좌우될 것으로 보고 있다.

이런 가운데 열린 이번 회의에선 베트남이 중진 산업국가로 도약하기 위한 중장기 성장 잠재력을 높이려면 거시경제와 금융정책을 어떻게 운용해야 하는가를 심도 있게 다뤘다. 양국 최고 전문가들은 부품산업 개발을 위한 중소기업 육성방안 등 세부 주제에 대해서도 열띤 토론을 벌였다.

우리나라와 베트남은 2001년 포괄적 협력 동반자 관계를 맺은 데 이어 2009년 10월에는 양국 정상회담을 통해 전략적 협력 동반자 관계로 격상됐다. 이에 따라 베트남을 KSP 중점 지원국으로 선정했으며 2020년 중소득 국가 진입을 위한 포괄 컨설팅을 지원하고 있다.

나는 기조연설을 통해 우리 KSP 사업의 기본 방향을 '3C'로 요약해 제시했다. 첫째, 한국의 경제발전 경험 중 국제사회와 공유가 가능한 법·제도 혁신사례를 체계적으로 정리해 데이터베이스화(Contents)해야 한다. 둘째, 세계은행 등 국제개발 금융기구와 공동 컨설팅(Co-consulting)을 통해 정책자문의 효과성을 높이는 것이 바람직하다. 셋째, KSP 사업 이외에도 경제개발 협력기금, 무상원조를 적절히 조합해 컨설팅부터 인프라 건설은 물론 시설운영과 사후관리 기법까지 포괄적인 지원(Comprehensive Support)을 통해 프로젝트의 지속 가능성을 강화해야 한다.

나는 작년에도 우리 대표단을 이끌고 가나와 라오스 등을 방문해 우리의 경제개발 경험을 중심으로 현지 고위 정책당국자들과 많은 대화를 나눴다. 사무관으로 경제개발 5개년 계획 수립과 집행에 참여한 이래 30년 이상 경제정책 분야에서 일한 경험을 바탕으로 우리의 성공과 실패 사례,

시행착오까지 솔직하게 전할 때마다 이들의 진지한 모습이 인상적이었다.

이제 대한민국은 G20 국가로서 세계가 당면한 문제에 대한 어젠더 세팅에 당당히 참여할 수 있게 됐다. 이와 함께 기회가 될 때마다 개도국들의 입장을 전달하는 가교역할을 충실히 한다면 국제사회에서 우리의 역할은 더욱 커질 것으로 확신한다. 이것이 도움을 받던 나라에서 원조 공여국으로 성장한 세계 유일의 나라로서 우리의 소임이 아닐까. 지난 G20 정상회의에서 우리나라가 주도한 '서울 개발 컨센서스'의 실천을 위해서도 개도국 경제개발 경험을 전수하는 KSP 사업은 양적·질적으로 발전돼야 한다.

공적개발원조 사업에 거는 기대

아프리카, 아시아 등 오지의 열악한 여건 속에서 땀 흘리며 열심히 봉사하는 대한민국의 젊은 한국국제협력단(KOICA) 봉사단이 있다. 우리는 그들의 얼굴에서 밝은 미래와 희망을 볼 수 있다. 라오스 비엔티안 메콩 강변에는 한국의 경제개발협력기금(EDCF) 지원으로 만들어진 한강 고수부지와 똑같은 체육시설이 있다.

최근에 베트남 하노이에서 열린 경제개발지식공유사업(KSP) 워크숍에서는 한국의 경제개발 경험을 전수받기 원하는 많은 아시아 개도국과 경제협력개발기구, 세계은행이 모여 한국의 개발 경험을 보다 잘 활용할 수 있는 방안을 주로 논의했다. KSP는 2004년을 시작으로 지금까지 52개국과 720개에 달하는 정책 개발 경험을 나눠왔다.

한국은 2009년 경제협력개발기구 개발원조위원회(DAC) 회원국이 되어 공적개발원조 의무부담국이 됨으로써 2차 세계대전 이후 독립한 국가 중 원조를 받던 나라에서 주는 나라로 전환된 최초의 국가가 됐다. 공적개발원조는 선진국이 개도국에 공여하는 증여와 양허성 차관이 중심으로 한국 공적개발원조는 KOICA 사업, EDCF 차관, KSP가 주축을 이룬다.

2015. 11. 26. 《파이낸셜뉴스》

1991년에 시작한 KOICA 사업은 무상지원으로 현재 56개국에서 보건·교육·새마을운동의 활동을 펼치고 있다. 1989년에 신설된 EDCF는 그동안 3조 6천2백억 원이 조성돼 현재까지 52개국, 130개 사업에 2조 2천5백억 원이 지원되었다.

우리나라도 개발 초기엔 선진국의 원조가 큰 도움이 됐는데 그 지원 규모는 127억 달러에 달한다. 유엔은 DAC 회원국들에 국내총생산의 0.7퍼센트를 공적개발원조에 지원할 것을 권고하고 있다. 세계 최대 공적개발원조 공여국 미국은 328억 달러, 영국 194억 달러, 독일 162억 달러, 일본 92억 달러로 지원 규모가 국내총생산의 0.3퍼센트 정도이고 노르웨이, 스웨덴 등은 1퍼센트에 달한다. 공적개발원조 역사가 짧은 한국은 20억 달러 미만으로 국내총생산의 0.14퍼센트 수준에 머문다.

베트남이나 미얀마를 가본 사람들은 일본이 건설해준 공항 규모에 놀란다. 중국도 아프리카의 많은 국가에 대형 공공건물을 건설해주고 있다. 한국은 국력의 공적개발원조 규모 면에서 볼 때 선진국은 물론 중국과도 경쟁할 수가 없다. 그러나 경제기획원, 국세청 등 기관 형성(Institutional building), 대외지향적인 수출 주도의 공업화 발전전략 등 지속적인 성장을 가능케 한 고유한 경제발전의 경험을 지니고 있다.

지난해 멕시코시티에서 개최된 '개도국 발전전략 고위급' 회의에서 한국 KSP가 지식공유사업의 선구자적 역할로 높이 평가됐다. 우리에게 공적개발원조 사업이란 국제사회의 지원에 대한 보답인 동시에 한국의 경제사회 발전전략을 인류의 중요한 자산으로 만들어야 한다는 당위성을 담고 있으며, 한국의 위상과 국격을 높이고 나아가 한국 기업의 브랜드가치를 올리는 효과를 기대하는 것이다.

최근 정부는 2차 공적개발원조 기본계획(2016~2020)으로 2020년 목표를 국내총생산의 0.20퍼센트로 정함으로써 애초 국제사회에 약속했던 계획인 0.25퍼센트를 포기했다. 안타깝지만 어려운 재정여건으로 불가피한 결정이라고 한다. 다른 분야에서 예산 절약 방안을 찾아내서라도 공적개발원조 예산에 대한 특별한 재고가 이번 국회심의과정에서 반영되기를 기대해본다.

1990년대 후반 제네바 근무 시절 업무상 자주 만났던 한 노르웨이 외교관이 "비록 소규모이지만 KOICA, EDCF를 운영하는 한국은 선진국이 될 만한 충분한 자격이 있다"고 했던 말이 떠오른다. 개인에게 인격이 있듯 나라에는 국격이 있다는 뜻이겠다.

우리가 다른 나라를 지원하는 것

2009년 11월 25일은 한국이 OECD의 개발원조위원회(DAC)에 가입해 원조를 받던 수혜국에서 원조를 하는 공여국으로 지위가 바뀐 의미 있는 날이다.

유엔은 DAC 회원국에 GDP의 1퍼센트를 개도국에 지원할 것을 권장하고 있다. 현재 노르웨이·스웨덴 정도가 기준에 근접하고 미국·일본 등은 0.3퍼센트다. 한국은 0.14퍼센트로 최근 재정여건의 어려움을 이유로 당초 목표 2020년 0.25퍼센트를 0.2퍼센트로 하향 수정했다.

한국은 1980년 후반부터 개도국 지원의 틀을 만들어 1987년 EDCF를 설치했고, 1991년 KOICA를 설립했다. 당시 실무자로 초기 EDCF 운용과 KOICA 설립에 참여한 나로서는 DAC 가입에 대한 감회가 크다.

한국은 DAC 가입을 계기로 EDCF 기금 규모와 KOICA 사업을 확대했는데 선진국은 물론 중국 등 다른 나라의 지원 규모와 비교할 때도 미미한 수준이었다. 이를 보완하기 위한 대책으로 한국의 고유한 개발 경험과 노하우를 살려 개도국과 나누기 위한 사업을 시작한 것이 바로 '경제개발경험 지식공유사업'이다. 2004년 베트남과 우즈베키스탄 2개국으로 처음 출

2016. 11. 7. 《매일경제》

발한 KSP 사업은 그동안 52개국과 720개 정책과제에 대한 정책 공유사업을 해오고 있다.

나는 2010년 아프리카 가나와의 KSP 단장을 시작으로 에티오피아·베트남·라오스·콜롬비아 등을 다니며 KSP 현장에서 개도국의 어려움을 안타까운 마음으로 접할 수 있었다.

그동안 우리가 국제사회로부터 지원받은 127억 달러(현재 가치로 약 6백억 달러)는 오늘의 한국을 만든 중요한 디딤돌이었다. 한국이 다른 나라보다 ODA 확대를 위해 더 노력해야 하는 이유이다.

최근 어려운 재정여건을 이유로 ODA 규모 확충 계획이 축소된 것은 심히 안타까운 일이다. 개도국에 대한 지원과 애정은 나아가 국제사회에서 한국의 국격을 한 단계 높이는 일이라는 생각을 하게 된다.

진정한 협력의 파트너라는 위상

2015년 노벨 경제학상 수상자이자 『위대한 탈출(The Great Escape)』의 저자 프린스턴 대학의 앵거스 디턴 박사는 한국의 경제발전경험 공유사업에 대해 이렇게 평가했다. "지식과 아이디어는 국가의 경제성장을 이루는 중요한 요소다. 한국은 빈곤으로부터 위대한 탈출에 성공한 국가로서, 한국의 KSP는 개발도상국의 지속가능한 성장을 돕는 효과적 수단이다."

한국의 경제발전은 제도·교육 수준·인프라 등 기본 여건을 갖추고 발전을 거듭해온 선진국형 모델이라기보다 지속적인 법·제도 혁신을 통한 점진적 제도 개선의 결과이다. 국가의 지속 가능한 경제성장을 위해서는 민간부문의 자생적 발전 기반이 전제되어야 하는데 이의 법적·제도적 여건을 만드는 핵심 요소가 지식이다.

한국 KSP가 개도국 경제발전에 실질적으로 기여하기 위해서는 경험과 노하우를 보다 체계적으로 정리하여 공유해야 한다. 경제발전 과정에서 개도국들이 직면할 수 있는 문제에 정책 대안을 제시하고 능력 개발을 도울 수 있도록 성공사례는 물론 실패·시행착오 사례까지 포함시켜야 한다.

내가 참여하고 있는 베트남과의 KSP는 그동안 50개 이상의 사업이 추

2016. 12. 1. 《매일경제》

진되어왔다. '베트남 2011~2020년 사회경제개발계획(SEDP)'에서 베트남 개발전략에 부응하는 방향으로 인적자원 개발, 인프라 건설, 행정 개혁, 사회보장, 빈곤 감소, 기후변화 대응 등 다양한 분야에서 포괄적으로 한국의 경제개발 경험을 자문하고 있다.

인도네시아와의 KSP 사례로 한강의 수질관리 시스템을 들 수 있다. 수도 자카르타의 수질 상태는 일류 호텔에서 수돗물로 양치질도 못 할 정도라는데, 서울을 방문한 인도네시아 정부 관계자가 서울 수돗물 '아리수'의 수질 상태를 접하고는 본국에 돌아가 한강 수질관리 시스템의 벤치마킹을 요청해왔다고 한다.

이렇듯 많은 개도국들이 거시경제 모델부터 삶의 질 개선에 이르기까지 한국의 발전 경험과 노하우에 큰 관심을 보이고 있다. 이에 우리는 경제발전 경험을 가감 없이 공유함으로써 세계 속에 진정한 경제협력 파트너로서의 역할을 확대해가야 한다.

지원에 관심을 쏟는 이유

나라 안의 관심이 온통 한·미 FTA에 쏠려 있던 지난 11월, 의미 있는 행사가 부산에서 열렸다. 11월 29일~12월 1일 반기문 유엔사무총장, 클린턴 미 국무장관 등 160여 개국에서 2천여 명이 참석한 '제4차 세계개발원조 총회'가 그것이다. 이번 제4차 총회는 '부산선언'을 통해 개도국에 대한 원조를 원조 효과성에서 개발 효과성으로 정책 포커스를 전환하고 선진국과 신흥국, 민간이 함께 참여하는 포괄적 파트너십 구축을 천명하였다.

우리나라는 2009년 11월, OECD의 DAC에 가입함으로써 원조를 받는 나라에서 주는 나라로 바뀐 최초의 국가가 되었다. 우리나라는 해방 이후 외국으로부터 총 128억 달러의 원조를 받았으며 이는 산업화와 선진화에 큰 도움이 되었다. 우리나라의 개도국 지원 규모는 국민총생산의 0.12퍼센트 수준으로 2015년까지 0.25퍼센트로 올리는 것을 목표로 현재의 12억 달러를 점차 25억 달러로 늘려나갈 계획이지만, 우리나라의 국제사회 위상으로 볼 때는 아직 미흡한 수준이다. 다만 최근에 세계적 경제위기로 많은 나라들이 원조를 줄여가는 추세에도 우리는 늘려감으로써 개도국 지원 의지를 국제사회에 알리고 있는 것이 다행이다. 점차 선진국이나 중국 수준

2011. 12. 15. 《경인일보》

으로 개도국 원조의 규모나 질을 높여가야겠지만, 우리만이 가진 고유한 자산인 '경제개발 경험'을 최대한 활용할 필요도 있다.

이러한 배경으로 2004년부터 시작된 정부 사업 KSP가 있다. 많은 개도국들은 1960년 초만 해도 자기들과 똑같은 세계 최빈국의 하나였던 한국이 불과 50년 동안에 이룩한 놀라운 경제성과에 대해 큰 관심을 보이며 한국의 경제발전 경험을 연구하여 이를 자국의 경제발전에 적용할 수 있기를 바란다.

나도 지난해부터 아프리카 가나를 시작으로 베트남·라오스·아제르바이잔·에티오피아 등을 두루 다니며 장관급 '고위정책대화'를 이끌고 국장급을 비롯한 정책담당 실무자를 참여시킨 '전파교육'을 통해 경제개발경험의 노하우를 전수해주고자 KSP 사업에 적극 참여하고 있다.

중장기계획과 연간 예산의 효율화(가나), 2011~2020년 경제사회발전 수립자문(베트남), 경제위기 회복방안(라오스), 외국 원조의 효율적 관리(아제르바이잔), 중소기업 육성방안(에티오피아) 등 구체적인 정책과제들에서 상대방 국가들은 우리의 개발 경험을 활용하는 방안을 찾고 있다. 이 과정에서 성공사례는 물론 실패 경험 등 아쉬웠던 점까지 솔직하게 전해줌으로써 개도국들이 후발자로서의 장점을 살릴 수 있는 정책과제를 도출하고자 함께 고민하고 있다.

우리만이 가진 값진 고유자산인 경제개발 경험을 잘 발전시켜 세계의 개도국들과 나누기 위해서는 KSP 사업을 좀 더 체계화시켜 효율적으로 추진할 필요가 있다. 공유가 가능한 법, 제도 혁신사례를 체계적으로 정리하여 예를 들면, 한국의 경제발전 경험 중에서 국제사회와 공유할 수 있는 부분을 '데이터베이스'로 만들어 콘텐츠를 확충해야 하며, 세계은행 등 국제개발금융기관과 공동컨설팅을 통한 정책자문의 효과성을 제고하는 것도 바람직할 것이다. 아울러 KSP 사업 이외에도 경제개발협력기금, 무상원조를 적절히 조합하여 컨설팅부터 인프라 건설은 물론 시설운영과 사후관리기법까지 포괄하는 토털 시스템 지원을 통해 프로젝트의 가능성을 높여야 한다. 요약하면 방금 언급한 3C(Contents, Co-Consulting, Comprehensive Support)를 강화하는 방안을 찾는 데 정부·연구기관·전문가의 지혜를 모아야 할 것이다.

우리가 G20 국가가 되었다는 자부심에 도취하기보다 어려웠던 시절을 기억하며 개발도상국가들의 입장을 이해하고 지원하는 일에 관심을 기울이고 역할에 충실할 때 국제사회 안에서 우리의 위상도 커질 수 있다. 그러나 무엇보다 수원국受援國에서 공여국이 된 유일한 나라로서의 소임이라고 하는 게 좋을 것 같다.

원로들의 육성 증언이 역사로 남다

한국 경제발전에 큰 역할을 담당했던 경제 원로들의 생생한 육성을 기록으로 담아낸 『코리안 미러클 2: 도전과 비상』이 지난해 1권에 이어 2권이 출간됐다. 1권은 광복 직후인 1945년부터 경제개발5개년계획이 본격 추진됐던 1960~1970년대 초반에 초점이 맞춰졌고 2권은 1970년대 중반부터 1980년대 후반까지 추진됐던 경제안정화 정책, 금융자율화, 금융산업 재편, 재정개혁, 세제개혁, 개방정책 등의 내용을 담고 있다.

원로들의 육성 증언을 담은 귀한 자료가 디지털 파일에 담겨져 한국개발연구원 기록보관소에 영구 보관돼 한국 경제 연구 자료로 활용될 예정이다. 그 증언의 일부가 '코리안 미러클'이란 제명을 달고 책으로 출간됐다. 원래 코리안 미러클이란 말은 우리를 향한 말이 아니었다. 1960년대 초 북한을 방문하고 그 경제발전에 깜짝 놀란 영국 케임브리지대의 저명한 여성 경제학자 조안 로빈슨 교수가 1964년 자신의 논문 「코리안 미러클(Korean Miracle)」에서 북한의 경제발전을 가리켜 했던 말이다. 당시 우리나라 지도층과 지식인들은 그의 논문에 큰 충격을 받았다.

1960년대 말까지 북한 경제가 우리를 앞서가고 있다는 사실에 우리 정

2014. 7. 10. 《파이낸셜뉴스》

부, 기업, 국민은 위축됐고 이를 극복하기 위한 피땀 어린 노력은 오늘날 세계에 유례가 없는 눈부신 압축성장을 일궈내는 밑거름이 됐다. 1960년대 조앤 로빈슨 때문에 우리가 그토록 부담스러워했던 코리안 미러클은 이미 오래전에 우리 것으로 가져왔다는 의미를 담아 책의 제명을 코리안 미러클로 정한 것이다. 원로의 육성을 담는 작업이 좀 더 일찍 추진됐더라면 하는 아쉬움이 있다. 그랬더라면 이미 타계한 원로들의 육성자료까지 빠짐없이 기록할 수 있었을 것이다.

우리 속담에 '구슬이 서 말이라도 꿰어야 보배'라는 말이 있듯이 아무리 좋은 것이라도 쓸모 있게 잘 다듬고 정리해야 가치가 있는 것이다. 역사에 기록돼 후대에 도움이 되는 지적유산으로 가치가 잘 발휘될 수 있도록 성공뿐 아니라 갈등과 고민, 실패까지도 충실히 기록돼 전해져야 한다. 이런 의미에서 원로들의 경험을 소중한 자산으로 만들어가는 작업 '코리안 미러클'의 의미가 크다고 본다.

물론 한국 경제의 성장과정을 연구하고 기록한 학술적으로나 역사적으로 그 가치가 높은 자료들과 책들은 이미 많지만 '코리안 미러클'은 사실관계에 따른 결과론적 분석이나 일반인들이 접하기 어려운 학술적 접근이 아니라 직접 정책을 입안하고 추진했던 정책당국자들의 치열했던 고민과 경험을 그들의 육성으로 기록하고 남겨놓는다는 데 남다른 가치와 의미를 지닌다.

코리안 미러클을 일궈냈던 원로들의 육성 증언은 나침반 하나 없이 한국 경제호(號)를 이끌고 항해하던 우리나라 경제사라고 할 수 있다. 주요정책이 입안된 배경, 구체적 집행과정, 그 과정에서 발생한 사회·정치적 논쟁 등 어려운 시기에 국가발전을 위해 고뇌했던 원로들의 깊은 성찰과 고민을 접할 수 있다. 우리나라의 경제개발5개년계획을 미국이 만들어줬다는, 인터넷에 떠도는 말도 안 되는 것을 그대로 믿는 학생과 일부 교사들, 제대로 알지 못하고 오해하는 젊은이들에게 실제로 경제개발 추진과정에 직접 참여했던 분들의 생생한 육성 증언만큼 확실한 것도 없을 것이다.

한국의 경제발전을 배우려는 나라들이 많다. '코리안 미러클'은 우리 경제발전의 경험을 전수받고 싶어 하는 개발도상국가에 대한 지식공유사업의 살아 있는 교재로 또한 널리 활용될 것이다. 아울러 정책 현장에서 분투하는 정책당국자들에게도 선배 원로들의 경험과 지혜와 고민이 보다 훌륭한 정책 추진에 도움을 주리라 기대해본다.

기록이 되어야 역사가 된다

 지난 60년 동안 우리나라 경제·사회 발전에 중심 역할을 해온 원로들의 생생한 육성 증언을 자료로 만드는 작업이 진행 중이다. 2011년 전직 경제 관료·언론인들을 중심으로 '육성으로 듣는 경제 기적 편찬위원회'가 구성 됐다. 방대한 분량의 인터뷰 내용이 디지털 파일에 담겨 한국개발연구원 기록보관소에 보관되고 훗날 한국 경제 연구의 귀중한 자료로 활용된다. 핵심내용은 시대별로 엮어 '코리안 미러클'이란 제목의 책으로 발간되고 있다.

 원래 '코리안 미러클'이란 말은 1960년대 초 영국의 저명한 경제학자 조 앤 로빈슨이 북한을 처음 방문하고 북한 경제발전에 대한 놀라움을 자신 의 논문에 표현했던 말로, 당시 우리 정부나 지식인들이 받은 충격이 매우 컸다.

 1970년대 초까지 북한 경제가 우리를 앞섰던 것은 사실이지만, 수많은 역경과 어려움을 뚫고 오늘날 세계 10위권의 경제 규모와 7대 무역국가로 우뚝 성장한 대한민국이야말로 진정한 코리안 미러클의 주인이라는 자부 심으로 '코리안 미러클'을 제명으로 쓰게 됐다.

2016. 12. 9. 《매일경제》

요즘 젊은 세대 사이에는 1차 경제개발5개년계획을 미국이 만들어준 것으로 잘못 아는 이들이 있고, 심지어 일부 교사들까지 그렇게 가르치고 있다는 말에 놀라움을 금치 못했다. 내가 이 일에 더 적극 참여하게 된 계기다.

　개발 연대 초기를 정리한 1권이 발간되고서, 중·고교생들을 가르치는 일선 교사들로부터 '우리에게 이렇게 자랑스러운 역사가 있었는지도 잘 모르고 그동안 학생들을 지도한 게 부끄럽다'는 말을 들었다. 사실은 기록이 되어야 역사가 된다는 평범한 사실을 깊이 인식하게 된다.

　지난달 『코리안 미러클 4』가 나왔다. 국가발전에 대한 원로들의 조언과 1997년 외환위기라는 절체절명의 어려운 시기를 이끌었던 주역들의 증언이 담겼다.

　19년 전 11월에 불어닥친 외환위기가 어제의 일처럼 머리를 스치고 지나간다. 우리는 지금 국내외적으로 힘든 상황에 놓여 있다. 그러나 위기에 강한 대한민국의 저력은 제2의 '코리안 미러클'로 다시 도약할 것을 믿는다. 경제가 더는 정치 상황에 발목 잡히지 않기를 바랄 뿐이다.

한국 경제발전과 세계기록유산

프랑스 파리에 있는 유네스코는 세계적 가치가 있는 귀중한 기록물을 보존, 활용하기 위해 1997년부터 2년마다 세계기록유산을 선정하고 있다. 현재 세계 107개국의 348건이 세계기록유산으로 등재돼 있다. 우리나라는 1997년 훈민정음, 『조선왕조실록』을 시작으로 2001년 『승정원일기』, 『직지심체요절』, 2007년 해인사 『대장경』 및 제경판, 『조선왕조의궤』, 2009년 『동의보감』, 2011년 『일성록』, 5·18 관련 기록물, 2013년 『난중일기』, 새마을운동 기록물, 2015년 KBS특별생방송 〈이산가족을 찾습니다〉, 한국의 유교책판, 총 13건으로 현재 중국 10건, 일본 5건을 제치고 세계 공동 4위, 아시아 1위를 기록하고 있다.

등재된 기록물 중에는 등재과정에서 국가 간에 얽힌 역사적 사실로 인해 종종 불편한 속내가 드러나기도 한다. 지난해 중국의 1937~38년 난징에서 저지른 일본군의 범죄 관련 자료인 난징대학살 기록물의 등재를 놓고 일본의 반발이 있었다.

우리나라의 경우 일본의 야마모토 사쿠베에 컬렉션 등재를 놓고 불만을 제기한 바 있다. 야마모토 사쿠베에 컬렉션은 산업혁명이 한창이던 메이지

2016. 12. 29. 《파이낸셜뉴스》

시대 말에 지쿠호석탄탄광의 일본인 노동자가 개인적인 관점으로 남긴 글과 그림으로, 지쿠호탄광은 일제강점기 조선인 노무자의 탄압으로 악명 높았던 곳이다. 한국인에게는 오역의 역사 현장이 인류의 세계기록유산으로 등재된다는 사실에 강한 불만을 표현한 것이다.

유네스코는 세계기록유산의 등재 기준으로 크게 신빙성, 독창적, 세계적 가치, 세 가지를 들고 있다. 신빙성의 기준은 유물의 진품, 실체, 근원지가 정확한 자료여야 하고, 독창적이라 함은 유물이 대체 불가능한 유일한 것으로 손실·훼손은 인류 유산에 막대한 손실의 초래를 의미해야 하며, 세계적 가치란 변화의 시기를 반영하는 시간성, 세계사의 주요 주제 등을 강조해야 한다는 것이다. 유네스코는 세계적으로 영향력 있는 인류의 중요한 기록만 등재한다는 것을 원칙으로 정하고 있다.

많은 국가들이 자국의 문화유산을 권위 있는 유네스코로부터 인정받기 위해 노력한다. 최근 우리나라는 전 세계적으로 유례를 찾아볼 수 없는 '한국 경제발전 기록'을 유네스코에 등재시키기 위해 추진위원회를 구성해 노력하고 있다.

그동안 한국 경제발전에 대한 세계의 관심은 대부분 한국의 고도성장기였던 1960~70년대에 초점이 맞춰져 조명돼왔다. 그런데 최근 들어 한국이 압축적 고도성장의 부작용인 인플레이션 경제를 치유하기 위해 채택한 1980년대 안정화 정책이나 자율·개방정책에도 주목하게 되었다. 1997년 외환위기를 극복하기 위해 추진했던 금융·기업·노동·공공 4대 부문 개혁과 전 국민이 참여한 금모으기 운동에도 국제적인 관심이 집중되고 있다.

피터 드러커는 1993년 발간한 『자본주의 이후의 사회』에서 "역사에 기록된 것 가운데 6·25전쟁 이후 40년 동안 한국이 이룩한 경제성장에 필적할 만한 것은 아무것도 없다"고 한국의 경제발전을 높이 평가했다. 실제로 많은 개발도상국들이 한국의 경제발전을 벤치마킹 대상으로 삼고 있다.

한국 경제발전 기록은 세계유산의 기록물로 등재시켜 전 세계가 나누어야 할 소중한 자산이 된 것이다. 밝아오는 2017년 새해에 우리의 경제발전 기록이 유네스코 기록물로 자랑스럽게 등재되는 소식이 전해짐으로써 불미한 정치·사회 상황으로 다치고 상한 국민들의 마음이 조금이나마 위로 받을 수 있기를 기대해본다.

멘토링의 힘

　서울 외곽 중학교 3학년 영수는 초등학교 때부터 할머니와 산다. 친부모가 자신을 버리고 도망갔기 때문이다. 부모에 대한 원망과 미움은 자라면서 어느새 이웃과 사회를 향한 분노가 됐고, 점점 거칠고 삐뚤어진 성격으로 변해갔다. 중학교 2학년이 된 어느 날 담임선생님의 권유로 방과 후 학교에서 운영하는 1년 과정의 '멘토링 프로그램'에 참여하게 되었다.

　처음엔 어색했지만 다양한 프로그램에 참여하고, 함께 저녁도 먹고, 형도 생겼다. 멘토가 된 대학생 형은 영수와 많은 대화를 나누며 집까지 데려다주는 등 따뜻한 관심과 사랑을 주었다.

　영수가 대학생 형에게 쓴 편지에는 '부모로부터 버림받았다는 생각에 늘 세상이 원망스럽고 사람을 칼로 찔러 죽이고 싶은 충동이 있었는데, 형이 1년 동안 베풀어준 사랑으로 이제는 그런 마음이 사라졌다. 나도 나중에 대학생이 돼서 남을 돕고 싶고, 꿈을 이루기 위해 열심히 노력하겠다'는 가슴 뭉클한 사연이 담겨 있었다.

　영수의 이야기는 방과 후 학교 현장에 '학교 안의 학교(School in school)'를 만들어 어려운 환경의 청소년들이 정체성을 찾고 자신의 꿈과 재능을

2016. 11. 15. 《매일경제》

잃지 않도록 도와주어 공교육의 빈자리를 메워보자는 취지로 만든 '청소년 멘토링 프로그램' 사례 중 하나이다.

이는 하버드대학 등 미국 유명 대학 졸업생들이 빈민지역의 공립학교 교사로 2년간 봉사하고 취업하자는 운동이 모태가 됐던 미국 최고의 비영리 교육봉사단체 'TFA(Teach For America)'를 벤치마킹한 것으로, 7년 전 뜻있는 이들이 만들어 지원하고 대학생들이 활동하고 있는 프로그램이다.

바쁜 대학 생활 속에서도 어려운 청소년들의 멘토로, 순수한 봉사자로 자신의 귀한 시간과 수고를 아끼지 않는 건강한 젊은이들이 많다는 건 얼마나 다행스러운 일인지 모른다.

가끔 그들을 마주하고 격려하고 돌아오는 날은 '비록 지금은 어려움이 많지만 밤하늘에 빛나는 별처럼 보석 같은 훌륭한 젊은이들이 많이 있는 한 우리 사회의 미래는 희망적이다'는 생각에 한결 가벼워지는 발걸음이 된다.

언어능력의 중요성

40여 년 전 사회에 나가는 제자들에게 해주셨던 은사님들의 말씀 중에 지금도 귓가를 떠나지 않는 게 있다.

"사회생활에서 필요한 지식은 대부분 단기간에 습득할 수 있다. 그러나 어학 능력은 필요하다고 깨달을 때가 늦은 것이니 어학 공부만큼은 중단하지 말고 꾸준히 하라"고 하신 말씀이다. 그러나 이 제자는 스승의 말씀을 잘 실천하지 못해 늘 아쉬움을 갖는다.

사람은 창의적 언어습득 능력을 갖고 태어난다. 언어 사용자가 이미 들었던 문장뿐 아니라 들은 적이 없는 문장까지도 생성해낼 수 있는 능력으로 만 10세가 지나면 소멸하고 이후로는 반복적인 학습훈련을 해야만 한다.

큰 국제회의에 참석해본 사람이라면 발언자가 영어로 말하다가 적절한 시점에서 불어, 스페인어로 전환하며 자신의 입장을 강조하는 것을 부러운 시선으로 바라본 경험이 있을 것이다.

어릴 때부터 언어에 대한 부모의 각별한 관심과 학교의 영향도 중요하겠지만 일상에서 영어를 쉽게 접하고 배울 수 있는 국가적 사회환경도 지적하고 싶다. 우리나라는 이미 청소년들의 영어공부를 포함한 언어능력 향상

2016. 12. 26. 《매일경제》

이 개개인의 노력에만 맡기기에는 심각한 상황이다. 시대에 맞게 국가가 정책적으로 책임을 분담해야만 한다.

정부가 오래전부터 의욕 있게 추진해왔던 동북아 금융허브정책이 지지부진해진 이유로 언어능력을 갖춘 인력의 부재를 든다. 세계에서 가장 앞선 IT 인프라를 갖고 있는 한국이 아세아 금융허브 국가 홍콩·싱가포르를 부러워할 수밖에 없는 이유이며, 일본이 큰 경제력을 가지고도 금융허브가 못 되는 이유다.

그동안 정부는 여러 정책을 시행해오고 있지만 세계화 시대에 부응할 수 있도록 언어능력에 있어 경쟁력을 키워내기에는 양적·질적으로 미흡했다.

얼마 전 작고한 싱가포르의 리콴유 총리는 독립 직후인 1960년대에 영어 공용화 정책을 강력하게 밀어붙였다. 당시 수많은 반대와 비판에도 불구하고 오늘날에 와서는 국민소득 6만 달러의 싱가포르를 만든 초석이 됐다는 긍정적 평가를 받고 있다. 작은 나라가 살아가는 방법으로 국민의 언어능력이 얼마나 중요한지 시사하는 바가 크다.

취업을 준비하는 청년들에게

오래전에 〈청춘FC 헝그리 일레븐〉이라는 인기 TV 프로그램이 있었다. 부상 등 여러 사정으로 프로구단에 남지 못한 전도유망했던 축구선수들이 재도전의 기회를 얻어 고군분투하는 실제 이야기를 다룬 내용이다. 한 번의 실패로 모든 꿈을 잃는 현실에 비추어볼 때 재도전의 기회 부여는 그 자체만으로 희망을 주는 것이라는 생각이 들었다.

우리의 대학 진학률은 세계 최고다. 내가 스위스에 머물 때 우리보다 월등히 소득이 높고 생활이 안정된 그들의 대학 진학률이 40퍼센트 수준이라는 사실에 깜짝 놀란 적이 있다.

독일, 스위스 등 많은 유럽 국가에서는 초등학교 졸업을 앞두고 직업학교와 대학 진학의 진로를 놓고 일찌감치 선택하게 되는데 부모와 선생님은 아이의 미래에 대해 크게 걱정하지 않는다고 한다. 직업학교를 졸업하고 취업을 해도 대학을 다닌 동년배들에 비해 전혀 불리한 대우를 받지 않을뿐더러 본인이 원한다면 언제든지 대학에서 공부할 수 있는 길이 열려 있기 때문이다. 누구나 대학에 가야 하고, 졸업 후에는 대기업 취업을 위해 몇 년씩 시간을 보내다 좌절하고 마는 우리 현실과는 다른 이야기이다.

2016. 11. 23. 《매일경제》

앞으로도 취업전선은 밝아 보이지 않는다. 계속되는 경기 부진에다 조선·해운산업의 구조조정으로 인해 대기업 신규채용은 더욱 줄어들 것으로 보인다. '평생직장'이었던 개념이 '평생고용'으로 바뀌고 많은 기업들은 더 이상 대규모로 신입사원을 뽑지 않는다. 필요한 인력은 그때그때 충당하고 있다.

학생들을 가르치다 보면 취업상담을 해온다. '대기업만 바라보다 몇 년씩 시간 보내지 말고 현실에 눈높이를 맞춰 중소·중견기업으로 관심을 돌리라'고 말해준다.

먼저 경험과 스펙을 쌓고 직업능력을 향상시키다 보면 제2, 제3의 도전의 길이 열려 있다고 학생들에게 조언하지만, 대·중소기업 격차 해소와 협력 강화 등 정부의 강력한 정책적 노력이 뒷받침되어야 조언도 설득력이 있겠다는 생각이 드는 게 사실이다.

비록 현실은 만만치 않지만 취업을 앞둔 청년들에게 희망을 갖고 호랑이처럼 멀리 보며 소처럼 뚜벅뚜벅 걷는 호시우보虎視牛步의 자세를 잃지 말라고 당부하고 싶다.